国平论天下

治国理政

GUOPING LUN TIANXIA
ZHI ZHIGUO LIZHENG

国家互联网信息办公室　主编

人民出版社

国 平 是 谁

你认识"国平"吗

近期以来，党媒人民网、新华网中常常出现重要评论文章，署名皆是"国平"。

7月初，第六轮中美战略与经济对话，国平发文《构建新型大国关系是一种政治智慧》。国家主席习近平访问拉美，国平发文《信息领域决不该有双重标准》《积极构建中拉命运共同体》。

中央审查周永康，国平发文《清除腐败是深化改革的必然之举》，7月31日国平又发文《中国不点头，日本入不了常》……

纵观这些文章，"国平"关注的事件不单重要，而且评论与中央步调高度统一，受到了广泛关注、刊载。

虽然，"国"姓也是中国传统姓氏之一，但这个"国平"很可能不是一个真人名字。近期出现的这些文章，大多为评论性质，且关注的事件涉及重大国计民生以及重要国际关系，更像代表国家的评论，而"国平"一词谐音也与"国评"一致。

在我国的新闻史中，长期存在以谐音笔名发表重要文章的传统，"李得胜""皇甫平"也在多个历史的关键节点中出现。

目前，官方还没有公开"国平"的身份，但从以往的案例看，"国平"显然来头较大，在以往的特殊意义署名中，很少出现"国"字头的作者。

其实，中央各部门以及高级领导也有过不同的笔名。你认识仲祖文吗？他的文章常常出现在《人民日报》的头版上。

在文章中，他向全国的党政干部喊话，《考核干部家庭道德绝非"小题大做"》《领导干部要远离"小兄弟"》《干部提拔先要来个"廉政体检"》《人才培养不能搞近亲繁殖》和《不能让老实人吃亏》等文章都是他的大作。

照着他的话，很多领导干部得到提拔。你如果读过他的《抓住换届契机大力选拔配备优秀女干部》《在完成重大任务、应对重大事件中识别和使用干部》《为优秀年轻干部成长打开宽广之路》《重视领导班子的经验结构》《领导干部要重视学习外语》等论述，就会知道最近他认为什么样的干部可能会得到擢升。

他在《人民日报》上的第一篇文章是《用好的作风学习贯彻六中全会精神》，刊登在 2001 年 9 月 29 日头版。

他出了一本书《清风正气——十七大以来仲祖文汇编》，版权页上的作者是"中共中央组织部研究室"。

公开报道显示，仲祖文是"中共中央组织部文章"简称的谐音。

仲祖文只是众多金光闪闪的笔名之一。很多中央有关单位的文章并不直接署上该单位名，而是使用笔名。

除了仲祖文，在《人民日报》上还有任仲平、钟轩理和郑青原等。任仲平是"人民日报重要评论"简称的谐音，钟轩理是"中央宣传部理论局"简称的谐音。

此种署名文章代表的是官方机构权威的思想。类似的还有"钟政轩"指中央政法委；"卫民康"指卫生部。

至于郑青原，他的文章不多，但很有分量。2010 年中共十七届五中全会后，《人民日报》和人民网连发三篇他的文章，题目分别是《在大有作为的时代更加奋发有为》《靠加快转变经济发展方式赢得未来》《沿着正确政治方向积极稳妥推进政治体制改革》。

关于政治体制改革的第三篇文章，在人民网以大字头条挂了 24 小时以上，前所未有。

郑青原是谁

2010 年 10 月 31 日，新华网在首页醒目位置挂出了《揭秘：人民日报发表署名文章的"郑青原"》，这是关于郑青原的唯一权威资料。

但是，这篇文章的权威来自新华网这个渠道，它对郑青原的身份也只是猜测。在网民的观点——"郑青原"意在"正本清源"——基础上，结合郑青原文章的观点和内容，认为"这个'郑青原'系列文章是政治局级别的舆论导向，他是中央政治局形成的观点"。

用笔名发表政见是中共的政治传统。

1991 年 2 月到 4 月，中共上海市委机关报《解放日报》刊登了《做改革开放的"带头羊"》《改革开放要有新思路》《扩大开放的意识要更强些》和《改革开放要有大批德才兼备的干部》四篇文章。作者是皇甫平。

在皇甫平的文章发表之后，全国不少省区市驻沪办事处人员都接到各自领导人电话，要求收集"全部文章"，有的还派出专人到上海来了解"发表背景"。

为什么会这样？因为已经一年多没有那么高调地讲改革开放了。

皇甫平的文章激起了千层浪。

先是《当代思潮》《真理的追求》和《高校理论战线》等小杂志发文批判皇甫平，然后《人民日报》《光明日报》和《求是》相继投入战斗。批判一直持续到第二年邓小平南方谈话之后。

皇甫平是周瑞金、施芝鸿和凌河三个人的笔名。"皇甫平"可以解释为"黄浦江评论"简称的谐音。

根据周瑞金的解释，"皇"字与其家乡闽南话"奉"字谐音，"甫"读"辅"，"奉人民之命辅佐邓小平"是"皇甫平"的深层含义。

皇甫平的文章传达了邓小平的看法。

在皇甫平的文章发表之前,邓小平到上海过春节。在视察和参观过程中,邓小平发表了一系列深化改革的讲话,说:"改革开放还要讲,我们的党还要讲几十年。"

周瑞金回忆说,1991年春节前一天,他在一位上海市委领导家里看了邓小平讲话的记录稿,觉得应该把谈话精神宣传出去,没有向领导请示汇报。

1993年,周瑞金调任《人民日报》副总编辑兼任华东分社社长。

在共和国成立之前,中共领导人都爱使用笔名。

毛泽东最有特色的笔名是"二十八画生",因为"毛泽东"三个字共28画。1915年,他在写《征友启事》时首先启用。1917年,在《新青年》上发表《体育之研究》也用了这个笔名。

周恩来的笔名叫"飞飞",多半是因为他字翔宇。1914年,他主编杂志《敬业》,发表诗文都用这个笔名。"壹"和"1"则是周恩来的妻子邓颖超用过的笔名。当时,参加觉悟社,所有人都拈一个数字号码作为化名,邓颖超拈到"1"号,化名"逸豪"进行革命活动,以"壹"和"1"为笔名发表文章。

刘少奇的笔名有很多,肇启、陶尚行、莫文华、刘光明、刘作黄、刘祥、尚陶、赵启……一大堆,还有一个字母笔名"K.V"。

此外,任弼时、张闻天、王稼祥、陈云、陈毅、叶剑英、彭真等中共领导人都有笔名。

澎湃新闻网,2014年8月1日

目 录
C O N T E N T S

国平是谁 / 1

五大理念，引领发展全局

在主动适应新常态中开启未来 / 3

让中国经济更有韧性 / 5

把创新引擎全速发动起来 / 7

托底民生成为新常态下压舱石 / 9

"一带一路"助飞"新常态" / 11

吃下中国经济持续发展的定心丸 / 13

界定新常态　谋求新发展 / 15

2015，让我们继续"蛮拼精神" / 18

新常态应有好状态 / 20

创新，一个永恒的主题 / 23

以五大理念深刻撬动发展变革 / 26

让亿万人民笑起来 / 28

让创新驱动中国爬坡过坎 / 30

补齐短板　协调发展 / 32

坚持绿色发展，建设美丽中国 / 34

开放使中国越来越强 / 36

让力量在共享中凝聚 / 38

超越千年梦想的历史性决策 / 40

以创新激发媒体生机与活力 / 42

深化改革，坚定信心定力

科技的竞争就是人才的竞争 / 47

决策咨询制度化体现新的执政风格 / 50

勇闯深水区重在抓落实 / 52

真刀实枪推进改革 / 54

2015，我们更加信心百倍 / 56

奏响"四个全面"的两会主旋律 / 58

以理论自觉引导伟大实践 / 61

把"四个全面"的两会共识化为实干行动 / 64

谋划"十三五" 绘就新天地 / 66

让国企改革成为制度自信新注脚 / 68

"三个有利于"确立国企改革价值标准 / 70

坚定改革信心　保持定力和韧劲 / 72

鼓励基层探索是全面深化改革的生命线 / 74

发展前进一步就需要改革前进一步 / 76

改革强军才能决胜未来 / 78

以"四个牢牢坚持"把握正确政治方向 / 81

以钉钉子精神抓好改革落实 / 83

靠什么走出全面振兴东北新路子 / 85

改革既要增添动力又要彰显公正 / 87

争当击楫中流的改革先锋 / 89

依法治国，步伐稳健坚实

科学把握依宪执政的内涵与界限 / 93

四中全会诸多"第一次"标定法治中国新方位 / 96

以党的领导推进依法治国 / 98

发挥法治对引领和规范网络行为的主导性作用 / 101

以法治为保障实现伟大中国梦 / 104

向宪法宣誓，坐实法治责任 / 107

让依法治国的步伐更加坚实 / 110

在法治的轨道上推进社会主义民主政治 / 112

让领导干部成为建设法治中国的中流砥柱 / 115

抓住全面依法治国的"牛鼻子" / 118

决定我军前途命运的关键一招 / 121

用什么人不用什么人是最重要的导向 / 123

从严治党，坚持敬终如始

重用实干家　贬责虚浮者 / 127

营造良好从政环境　书写新的历史篇章 / 129

把政治生态整治得更清洁一些 / 131

"好的政治生态"为何重要 / 133

要的就是敬终如始这股劲 / 135

制度机制是贯彻群众路线的重要保障 / 137

贯彻好群众路线是一个永恒课题 / 140

让监督的"探照灯"全天候 / 143

作风建设是贯彻群众路线的重要突破口 / 146

风清则气正，气正则心齐 / 149

反"四风"治好了党的"亚健康" / 151

"四风建设"从"不敢"到"不想" / 154

叹"当官不易"者不宜为官 / 157

群众路线教育实践活动未有穷期 / 159

法治中国离不开党纪保驾护航 / 163

刚性法纪给"四风"戴上紧箍咒 / 165

对县委书记的政治重托 / 168

以"四有"标准问心问行 / 170

政治生态靠什么实现山清水秀 / 172

不严不实，万事难成 / 175

干部能上能下　关键是能下 / 177

"做四种人"是党员干部的价值新标杆 / 180

让"四风"从"不敢"转为"不想" / 182
　　　　——一论贯彻"三严三实"

让政治生态更加风清气正 / 184
　　　　——二论贯彻"三严三实"

锻造担当执政使命的干部队伍 / 186
　　　　——三论贯彻"三严三实"

让党的主张成为时代最强音 / 188

强化看齐意识　当好严实表率 / 190

永远跟党走是人民军队传承不变的基因 / 192

读懂总书记的"绿色叮嘱" / 194

领导干部要善于同知识分子打交道 / 196

打虎拍蝇，反腐坚定不移

让潜规则失去土壤、通道和市场 / 201

对腐败零容忍绝非空话 / 203

让腐败分子没有藏身之地 / 205

周永康落马凸显中央从严治党决心 / 208

领导干部决不可缺失精神之钙 / 210

清除腐败是深化改革的必然之举 / 212

周永康落马是推进依法治党治国的一大步 / 215

让制度成为硬约束而不是橡皮筋 / 217

老虎苍蝇一起打　反腐败深得党心民心 / 219

打赢反腐败这场攻坚战持久战 / 221

反腐新常态　贴心老百姓 / 223

强化反腐决心　坚定必胜信心 / 226

反腐没有休止符 / 228

四个"反腐自信"让党更有力量 / 230

治国理政，新思想新成就

"以人民为中心"开辟伟大事业新境界 / 235
————一论以习近平同志为总书记的
党中央治国理政新思想新成就

中国巨轮在伟大掌舵中行稳致远 / 237
————二论以习近平同志为总书记的
党中央治国理政新思想新成就

"三个自信"托举壮丽中国梦 / 240
————三论以习近平同志为总书记的
党中央治国理政新思想新成就

中国梦是激励中华儿女砥砺前行的灯塔 / 243
————四论以习近平同志为总书记的
党中央治国理政新思想新成就

"五大发展理念"确保实现全面小康 / 245
————五论以习近平同志为总书记的
党中央治国理政新思想新成就

在改革中更好掌握当代中国命运 / 247
————六论以习近平同志为总书记的
党中央治国理政新思想新成就

在信仰法治中建设法治中国 / 250
————七论以习近平同志为总书记的
党中央治国理政新思想新成就

锻造坚强领导核心的"治党方略" / 253
　　——八论以习近平同志为总书记的
　　　党中央治国理政新思想新成就

以核心价值观凝魂聚气强基固本 / 256
　　——九论以习近平同志为总书记的
　　　党中央治国理政新思想新成就

在新常态引领下因势而进 / 258
　　——十论以习近平同志为总书记的
　　　党中央治国理政新思想新成就

让改革发展成果惠及全体人民 / 260
　　——十一论以习近平同志为总书记的
　　　党中央治国理政新思想新成就

建设美丽中国，实现永续发展 / 262
　　——十二论以习近平同志为总书记的
　　　党中央治国理政新思想新成就

"习式外交"打造全方位大国外交新格局 / 265
　　——十三论以习近平同志为总书记的
　　　党中央治国理政新思想新成就

为实现强国梦强军梦提供战略指引 / 268
　　——十四论以习近平同志为总书记的
　　　党中央治国理政新思想新成就

从网络大国迈向网络强国的新征程 / 271
　　——十五论以习近平同志为总书记的
　　　党中央治国理政新思想新成就

开启中华民族伟大复兴的新航程 / 273
　　——十六论以习近平同志为总书记的
　　　党中央治国理政新思想新成就

写在《国平论天下》出版之际 / 276

五大理念，引领发展全局

在主动适应新常态中开启未来

众所瞩目的中央经济工作会议于 12 月 11 日落下帷幕，会议确立了促进经济平稳健康发展和社会和谐稳定的重要方略。这对于处在改革攻坚期、经济发展面临不少机遇和挑战的今日中国来说，无疑是最大的利好。

"主动适应经济发展新常态"，是这次中央经济工作会议的一个重大亮点，也是中央因势而谋、顺势而为的重要战略决断。今年 5 月习近平总书记在河南考察时首次提出"新常态"，强调要"适应新常态，保持战略上的平常心态"。11 月在北京召开的 APEC 会议上，习近平主席首次系统阐述"新常态"含义，指明"新常态将给中国带来新的发展机遇"。在中央经济工作会议前的 12 月 5 日召开的中央政治局会议上，即强调"我国进入经济发展新常态"，要"主动适应新常态"。这次会议上则强调："认识新常态，适应新常态，引领新常态，是当前和今后一个时期我国经济发展的大逻辑。"这表明，中央对我国经济发展所面临的国际国内形势了然于胸，对如何适应新常态赢得中国更广阔未来胜券在握。

我们所进入的新常态，是速度从高速增长转为中高速增长的常态，是经济结构不断优化升级的常态，是动力从要素驱动、投资驱动转向创新驱动的常态。在这样的常态下，我们面临诸多新机遇，经济韧性好、潜力足、回旋空间大。另外，这个新常态下出现的一些趋势性变化使我们面临不少困难和挑战，需要主动面对、妥善应对。显然，这正是中央经济工作会议回应的时代课题。在新的环境条件下，如何"主动适应"，怎样抓住机遇，是对中央驾驭中国经济这艘航船智慧和能力的检验。

应当清醒地认识到，中国经济增速虽然放缓，实际增量依然可观。假如以 7.4% 的 GDP 增速来观察，尽管与前些年相比低了些，但对应的增量已大于 20 年前的 GDP 总量。现在中国每年增量相当于贡献了一个中等发达国家的经济规模。这样的速度和体量，令世界侧目。尽管增速放缓，但经济运行仍然处在合理区间，一如此次会议所指出的，"全年主要目标和任务可望较好完成"。

"没有任何一个经济体可以永远保持每年 10% 的增长速度，即便是中国。"美国《时代》周刊这样写道。但是，中国的不同也许在于，中国的娴熟驾驭技能能够主动调控速度，主动对变化了的环境作出科学的应变，使中国经济这艘巨轮能够避过各种风险、赢得各种挑战，清醒而自信地抵达胜利的彼岸。我们有这个信心，也有这个能力。

2014 年 12 月 11 日

让中国经济更有韧性

刚刚闭幕的中央经济工作会议认为，科学认识当前形势，准确研判未来走势，必须历史地、辩证地认识我国经济发展的阶段性特征，准确把握经济发展新常态。

今年以来，习近平总书记一再强调"新常态"这一概念，强调认识新常态，适应新常态，引领新常态，是当前和今后一个时期我国经济发展的大逻辑。显然，从多方面角度去认识和理解新常态，是今后一个时期把握经济工作脉络的必要功课。而充分认识和认真分析中国经济具有"经济韧性好、潜力足、回旋空间大"的特征，是认识、理解新常态的重要方面。

在物理学的解释中，"韧性"指的是某种材料在塑性变形和断裂过程中吸收能量的能力，是承受应力时对折断的抵抗能力。韧性越好，则发生脆性断裂的可能性越小。借用"韧性"的解释来形容中国经济的特征，相当精妙。人们可以看到，迄今为止，世界上没有哪个国家和地区能够保持经济高速增长达 30 年之久，而中国经济在过去 30 多年的年均增速为 9.7%。这期间，尽管经历过从计划经济向市场经济的过渡，经历过国企改革、价格改革、税收改革等等的改革洗礼，经历过全球经济危机和金融危机，但中国经济一枝独秀，发展强劲，充分显示出与众不同的韧性。

人们常说，美国能够成为世界第一大经济体，是因为美国经济有韧性。的确，美国有美国得天独厚的条件。美国经济底子厚，创新能力强，"美元金融"的独门武器运用纯熟。所以，美国能够保持数十年的经济强大。与之相比，中国是最大的发展中国家，基础薄弱，条件有限，发展过程中遇到的困难、挑战、阻力是其他国家从未遇到过的。但是，中国人有不惧艰难坚持发展这个硬道理的决心，有迎头赶上实现中国梦的信心，尤其是有自我挑战坚持不断改革的勇气。唯其如此，中国经济才更显示出韧性十足，更当得起韧性二字。

中央经济工作会议指出，当前，我国经济运行仍面临不少困难和挑战，经济下行压力较大，结构调整阵痛显现，企业生产经营困难增多，部分经济风险显现。对此，我们的应对方案必须是不断深化改革。过去 30 多年，中国经济发展成功最重要的原因之一，是总能在恰当的时候适时地推进制度改革，总能在关键的时候做出适应性的改变。那些改革激励了一轮一轮更新和更有效率的经济活动，保持了经济的长期发展。在今后，我们同样需要通过持续不断的改革，逐步设计、提出、建立和完善更有韧性、更有弹性的政策和体制，应对新发展阶段所提出的不同要求。使中国顺利地向形态更高级、分工更复杂、结构更合理的阶段演化，确保中国经济发展进入新常态。

中国经济发展进入新常态，无论风云变幻，无论挑战多么复杂，必须有不达目的誓不罢休的决心，有踏石留印、抓铁有痕的精神，看准方向，坚定前行，这是中国经济有韧性的内在含义。

2014 年 12 月 13 日

把创新引擎全速发动起来

当中国经济进入爬坡过坎的阶段后，什么才是驱动中国经济向上爬升的引擎？

是创新。

世界经验表明，当低收入经济体通过追赶型增长迈入中等收入阶段后，创新就是决定其走势的核心变量。激发改革创新能量，就可以避开"中等收入陷阱"，平稳跨入高收入阶段。反之，则会停滞不前，问题和矛盾重重。

"必须让创新成为驱动发展新引擎""更加注重科技进步和全面创新""突出创新驱动"……这次中央经济工作会议，抓住的正是创新这一决定中国经济未来的关键变量，从诸多层面对创新发出了热情召唤、作出了重要部署。在相当意义上说，我们能不能适应经济发展新常态，驾驭中国经济航船一路高歌，关键就看能不能让创新这个新引擎的动力强劲起来。我们说对经济发展新常态要"主动适应"，敢于和善于抓创新就是衡量这个"主动"的重要标准。

想起习近平主席在北京 APEC 会议上那段激情洋溢、激动人心的讲话："生活从不眷顾因循守旧、满足现状者，而将更多机遇留给勇于和善于改革创新的人们。在新一轮全球增长面前，惟改革者进，惟创新者强，惟改革创新者胜。我们要拿出敢为天下先的勇气，锐意改革，激励创新"。字里行间，透出的正是改革者的气魄、创新者的气质。必须看到，现在模仿型排浪式消费阶段基本结束，只能通过创新供给才能激活需求；传统产业的投资需求相对饱和，必须通过创新投融资方式才能抓住新的机遇；过去劳动力成本低是最大优势，现在要素的规模驱动力减弱，依靠人力资本质量和技术进步，经济增长的驱动力才会强劲。因此，要主动适应经济发展新常态，实现中国经济平稳健康前行，就必须紧紧扣住创新的命脉，使其不可须臾离开中国经济的左右。

正如习近平总书记所强调的，"如果说创新是中国发展的新引擎，那么改革就是必不可少的点火器，要采取更加有效的措施把创新引擎全速发动起来"。不能不看到，尽管很多人都意识到创新的重要，但一到改革必须为创新拓宽道路，要触及自己的利益、动自己的奶酪，就积极性不高，光打雷不下雨。前3个季度全国新登记注册市场主体920万户，新增企业数量较去年增长60%以上，就得益于对企业登记制度的改革。从实际情况看，要发挥创新驱动的原动力作用，就必须继续坚持壮士断腕，向一切束缚创新活力的体制机制开刀。一如此次会议所强调的，"以政府自身革命带动重要领域改革，以大众创业、万众创新形成发展的新动力"。

"我创造，所以我生存"，不管是国家、社会、企业，还是个人，创新都是最核心的素质和资本。一方面，营造有利于大众创业、市场主体创新的政策环境和制度环境，更多支持创新型企业、充满活力的中小企业，创新主体的积极性、主动性才会释放。另一方面，以创新为品质，以创新为价值导向，以创新为实践方式，创新主体们才能在市场大潮里中流击水、挺立潮头。而从根本上说，让一切创造活力竞相迸发，让一切创新才华充分施展，让一切创新成果得到尊重，把全民族的创新精神激发出来，创新的源泉就会永不枯竭，当代中国也必将在成为创新型国家的进程中实现经济的持续健康发展，在创新成为精神血脉的实践中让梦想更好更快地走入现实。

2014 年 12 月 14 日

托底民生成为新常态下压舱石

此次中央经济工作会议用三个"更加"表明中央做好民生工作的决心，意义非凡。如果将中国经济比作一艘劈波斩浪的巨轮，那么民生工作就相当于压舱石。中国经济要在新常态下稳定前行，离不开基本民生保障做后盾。

"祸患常积于忽微，而智勇多困于所溺"。中国经济在相当长的一段时间里，保持了高速增长的奇迹。在高歌猛进的经济发展中，一些涉及民生的社会问题很容易被掩盖被忽视。当经济发展进入新常态，增速有所放缓，一些潜在的民生问题就会逐渐浮出水面，成为制约经济转型升级的不确定因素。从这个意义上说，面对民生领域的问题，务必高度认识，未雨绸缪。

中国经济的发展，归根到底是为了让每一个中国人都拥有更好的工作生活、享有更健全的社会和医疗保障。而这一切都浓缩在了民生二字之中。一方面，面对"三期叠加"的挑战，更要加快推进改革开放，推进经济体制改革。而要想成功地涉险滩、过深水区，就离不开民生保障做后盾。民生保障得好，改革阻力小，改革成本被控制在可承受范围之内，改革的步伐就将更加积极稳健。另一方面，为了积极适应新常态，经济结构的转型升级也势在必行，对一些落后产能的淘汰也在所难免。而与此同时，一些就业于中低端、落后产业的人群的饭碗就受到了影响。如果这些人的生计得不到保障，社会大局的稳定就无从谈起。

　　"就业、扶贫、托底"是此次会议涉及民生工作的三大关键词，也为 2015 年民生工作提出了明确方向。首先，就业是民生工作中造血的一环。截至 11 月，今年城镇就业人数已达 1200 多万人。光浙江义乌的"网店第一村"就解决了 1.5 万多年轻人的就业。新常态下，创业就业迸发出的动力让人期待。其次，会议将扶贫工作上升到了全局高度。其中"不要让孩子输在起跑线上"和"防止平均数掩盖大多数"的提法犹如春风拂面、让人耳目一新。2014 年，国家启动对贫困地区重点倾向的招生计划，农村学生上重点高校人数比去年增加了 11.4%。让人相信，新常态下"知识改变命运"更有希望。再次，对低收入群众生活，要雪中送炭，尤其要及时化解他们的燃眉之急。低收入群众犹如坐在汽车后排的乘客，对路途的颠簸感觉尤为敏感。新常态下，经济运行一丝一毫的涨落都将影响到他们的一餐一饭。随着保障房的持续开工，城乡医保覆盖面的继续扩大，社会救助工作的法制化安排，2015 年民生"托底"有望更加牢靠、稳固。

　　"不要因为走得太远，而忘记了为什么出发"。改革开放 30 多年来，中国经济巨轮既遭遇过风平浪静，也见识过惊涛骇浪，之所以能够劈波斩浪、波澜不惊，依靠正是民生压舱石不可替代的托底作用。当中国经济巨轮驶入新常态这片崭新海域，尤其不能忘记民生这块压舱石的重要性。新常态下，中央千方百计确保经济稳定增长，就是要做大了蛋糕给每一个中国人都分好蛋糕，既吃得到又吃得好。从这个意义上说，民生托底是新常态下中国经济健康发展的关键所在。

2014 年 12 月 14 日

"一带一路"助飞"新常态"

　　"中国梦纪元"，站在欧亚大陆东端、太平洋西岸朝东西张望，有一大战略历史性地将张骞曾经出使过的西域和郑和造访过的西洋雄心勃勃地联系在了一起——"一带一路"。2014年底的中央经济工作会议将这一诞生仅一年多的空前战略作为新一年经济工作的重要任务之一。定位之高、影响之大，甚至有人以2015年经济工作的"题眼"加以形容。

　　"眼界决定境界，思路决定出路"。从经济发展的角度而言，"一带一路"的横空出世绝非高歌猛进下无关痛痒的锦上添花，而是中国经济发展新常态下爬坡过坎，转危为机的一大助推器。

　　回首过去1年多的时间，中国经济机遇与挑战并存，一路走来不乏沟壑险滩：一季度经济增速跌入6个季度的谷底，实体经济成本高企，房地产交易量价齐跌，"三驾马车"拉动乏力。以至于一时间人心浮动，纷纷开始猜测：中央会否重出强刺激政策，加快人民币升值，甚至推迟经济转型升级？

　　出乎不少人意料的是，中央以极大的战略自信和定力表示，将更加积极主动地去适应中国经济中高速增长的新常态。中国领导人年初的坚定表态，给众多关心中国经济的人吃下定心丸。正是在这一背景下，"一带一路"从构想到现实逐步成型，被全体国人乃至世界舆论寄予厚望。"对于一艘没有航向的船来说，任何方向的风都是逆风"。这一战略的适时推出正切中当前中国经济发展相关问题的要害所在。

目前，中亚经济大致相当于中国 30 年前的水平，其丰富的自然资源和日益扩大的国际贸易对许多经济领域来说都意味着巨大商机。据估算，丝路基金与亚投行要逐步实现"丝绸之路经济带"上基础设施的互联互通，至少需要融资约 21 万亿元。而中国改革开放以来，积累了 5 万多亿美元的对外金融资产，对外直接投资却仅有 5000 亿元左右，资本配置不尽合理也不够多元化。随着"一带一路"战略的逐步推进，中国投资者们也将有望获得前所未有的投资机遇和发展潜力。

优化经济发展空间格局，促进各地区协调发展是"一带一路"战略的使命所在。长期以来，区域发展不均衡是困扰我国经济社会发展的一大难题。"一带一路"战略的推出有益于打破固有的地区封锁和利益藩篱，将全方位的对外开放提到崭新高度。这就是要通过经济纽带将各个区域联系在一起，通过市场的力量促进区域之间、国内外之间的互联互通。

中西部地区将在"丝绸之路经济带"的基础设施互联互通中扮演重要角色，东部的高端产业特别是电子产业也开始加快向西部转移。同样地，对于东部地区而言，"一带一路"战略也同时为其打开了更为广阔的市场："一带一路"沿线大多是新兴经济体和发展中国家，总人口约 44 亿，经济总量约 21 万亿美元，分别约占全球的 63%和 29%。

面对中国经济来自内外的严峻挑战，中国没有自乱阵脚、病急乱投医。而是谋定而动、顺势而为地将"一带一路"作为主动适应经济发展新常态的重要战略。正如习近平总书记所说的那样，"这'一带一路'，就是要再为中国这只大鹏插上两只腾飞的翅膀，建设好了，大鹏就可以飞行得更高、更远"。

2014 年 12 月 14 日

吃下中国经济持续发展的定心丸

习近平总书记在此次中央经济工作会议上的讲话，是一次对中国当前经济局势高屋建瓴、全面深刻的阐述，有利于人们冰释关于中国经济现状与前景的忧虑，推动人们认识清楚当前中国的经济局势，增强对中国经济可持续发展的信心。

今年中国的经济发展增速减缓，产能过剩相对凸显，这些因素，让人们有理由担忧中国经济是否会从此减缓，甚至是进入一些经济学家所讲的"寒冬"状态。加之从经济结构上讲，中国经济的高能耗、低产出，资源环境的沉重代价，以及人口红利的衰减等等因素，更是增强了人们的忧虑。复加国际经济总体状态并不令人鼓舞，中国的外贸形势严峻，进入初始布局的"一带一路"战略尚待奏效，一时人们更是不敢对中国经济形式表示乐观，甚或对中国经济发展的悲观看法时有呈现。

习总书记在中央经济工作会议上的讲话，清楚回答了人们对中国经济的种种忧虑，足以增强人们对中国经济持续发展的信心。这与习总书记讲话传递的两个重要信息，具有密切关系。一个重要信息是对喜忧参半的中国经济现状进行的准确估价，另一个信息是对中国经济发展应对策略的准确布局。

中国当下的经济形势究竟如何，是人们期待中央经济工作会议能够回答的问题。而习总书记的讲话，有力回答了这一问题。这一回答的力度感，首先与习总书记选择的客观态度紧密联系在一起。这一客观态度，既体现为对中国经济发展前景的乐观判断与经济现状诸种挑战的平实陈述上，也体现在国际经济形势如何影响中国经济发展的准确估价上。

中国目前的经济形势，乐观、审慎的双重因素都较为凸显。乐观的理由在于，长期支撑中国经济发展的消费、投资、出口仍然可以继续发挥基础、关键和支撑作用。审慎的动力在于，消费方式正在发生模仿型排浪式向个性化、多样化转变，投资正从单向的基建投资转向基础设施的互通互联以及新技术、新产品、新业态、新商业模式的开启，外贸已经从较为简单的谋求引进向高水平"引进来"、大规模"走出去"同步发生的结构转型。转型是一种挑战，既是机会，也是难题。这样的经济形势估价，有利于人们吃下中国经济持续发展的定心丸。在"风险总体可控"，继续"稳中求进"的相关定位中，中国经济形势的理性判断就此得出。

与此同时，在国际经济形势方面，可以清楚看到中国的竞争优势犹存。但需要严肃估价国际经济形势变化对中国参与国际经济竞争形成的严峻挑战。这也是乐观与审慎估价中国的国际经济处境的表现，从而避免以悲观眼光看待中国经济参与国际经济竞争。这有助于提振中国工商业界参与国际经济竞争的信心。

习总书记在讲话中对中国经济持续发展举措的部署，体现出远近相宜、绩效可据的特点。以 2015 年的经济工作任务而言，"五大任务"的确定，可保中国经济发展的年度绩效。而以"八个更加"的确立，保证了经济发展举措的落实。对内的改革与对外的开放，尤其是自由贸易区的优化与推广，将对中国经济下一步的发展发挥强有力的推进作用。这无疑是中央经济工作会议释疑解惑、指明方向的重要作用最为鲜明的体现。

2014 年 12 月 15 日

界定新常态　谋求新发展

中国经济发展进入了一个新常态。这一表述，一段时间为人们耳熟能详。但它的准确含义，以及内蕴的政策指向，还不为人们所清楚了解与把握。刚刚结束的中央经济工作会议，习总书记所作的重要讲话，对之进行了深入浅出、内涵丰富的解读，从而使人们可以很好把握进入新常态的中国经济特点，并展开相关谋划，以期有效推进中国经济的持续、稳定和协调性发展。

习总书记在讲话中，将中国经济的新常态特征，明确概括为九个方面。这九个方面，也可以被理解为九个转变：一是消费需求上，从模仿型排浪式消费阶段向个性化、多样化消费转变。二是投资需求上，从传统产业相对饱和向基础设施互联互通以及新技术、新产品、新业态、新商业模式的转变。三是出口和国际收支上，从出口导向向高水平"引进来"、大规模"走出去"同步发生转变。四是生产能力和产业组织方式上，产业结构向复杂化转变，产业组织新特征凸显。五是生产要素上，从要素规模驱动力向经济增长将更多依靠人力资本质量和技术进步转变。六是市场竞争上，从数量型、同质化向质量型、差异化转变，全国统一市场、资源配置效率成为经济杠杆。七是资源环境约束上，从粗放型发展向绿色低碳循环发展新方式转变。八是经济风险积累和化解上，从风险可控向风险总体可控，但化解以高杠杆和泡沫化为主要特征的各类风险需要着重应对转变。九是资源配置模式和宏观调控方式上，从政府主导催生的产能过剩，向发挥市场机制作用转变。这是对中国经济新常态最为全面、准确的概括，既具有很高的学术含量，更具有明确的实践导向。

中国经济的新常态，不是中国经济的新困境，而是中国经济的新处境。中国经济发展由此呈现出作别粗放型、高代价、低收益的发展模式，进入创新型、低成本、高收益的发展模式。这是中国经济产业升级换代、结构优化调整、收益明显改善的鲜明体现，也是中国经济发展进入高级阶段的明显标志。因此，推动中国经济的可持续发展，不仅需要从近一两年的时段进行及时谋划，以保证中国经济维持固有优势，克服暂时困难，而且需要从全局上、大战略来谋划中国经济的高端、长期发展。

习总书记在中央经济工作会议的讲话，对新常态下中国经济的战略谋划进行了系统勾画，在经济观念、体制建构、方法意识和举措安排几个方面，作出了深刻论述。"面对我国经济发展新常态，观念上要适应，认识上要到位，方法上要对路，工作上要得力。"因此，可以确信，"经济发展进入新常态，没有改变我国发展仍处于可以大有作为的重要战略机遇期的判断，改变的是重要战略机遇期的内涵和条件；没有改变我国经济发展总体向好的基本面，改变的是经济发展方式和经济结构"。这种改变的必要性与重要性，不言而喻。

正是在这些转变的基础上，中国经济新常态下谋求新发展的经济愿景规划的轮廓，系统呈现在人们的面前："中国经济正在向形态更高级、分工更复杂、结构更合理的阶段演化，经济发展进入新常态，正从高速增长转向中高速增长，经济发展方式正从规模速度型粗放增长转向质量效率型集约增长，经济结构正从增量扩能为主转向调整存量、做优增量并存的深度调整，经济发展动力正从传统增长点转向新的增长点。认识新常态，适应新常态，引领新常态，是当前和今后一个时期我国经济发展的大逻辑。"在新常态下对新发展的谋划，就此奠立了中国经济可持续发展的战略基础。实现相关转变，也就等于实现了中国经济发展的现代化目标,这必然使今年中央经济工作会议载入中国经济发展的史册。

2014 年 12 月 15 日

2015，让我们继续"蛮拼精神"

"为了做好这些工作，我们的各级干部也是蛮拼的。当然，没有人民支持，这些工作是难以做好的，我要为我们伟大的人民点赞。""新年的钟声即将敲响。我们要继续努力，把人民的期待变成我们的行动，把人民的希望变成生活的现实。"

在2014年最后一天的傍晚，国家主席习近平在向2015年所致的新年贺词中，用生动的网络语言，意蕴深刻的思想表达，高度评价我们所走过的2014年，殷切期望我们迎来的2015年，令人喜悦感怀，令人精神振奋。

"骏马追风扬气魄，寒梅傲雪见精神"，这是2014年初习近平总书记在新春茶话会上所读的春联。这一年的奋斗前行，这副春联的精神意蕴诚可当之。这一年，全党全国人民在党中央的领导下，正是以骏马追风的气魄、寒梅傲雪的精神，一路披荆斩棘、闯关夺隘，取得了一系列喜人成绩。多少年后回望，这一年更将以它的开拓性、奠基性而载入史册。

2014年被称为全面深化改革元年，这一年改革的力度与成效，这一年经济社会发展的步伐与节奏，在相当意义上说关涉改革大业，更关涉中国梦。因此，当我们在岁末回望，我们是如此的难忘。正如习近平主席在贺词中所言，这一年，"我们锐意推进改革，啃下了不少硬骨头""我们适应经济发展新常态""我们着力正风肃纪""我们加大反腐败斗争力度，以零容忍的态度严惩腐败分子"。这简单勾勒的背后，是多少夜以继日的奋斗，又是多少惊心动魄的战斗。

历史总是给未来以智慧的启迪，这一年的奋斗给我们在新一年的前行提供了更多的启示。习近平总书记在2014年全国政协新年茶话会上强调："当前，时和势总体有利，但艰和险在增多。""我们的事业是全新的事业，在前进的道路上，我们既不能因循守旧、墨守成规，也不能罔顾国情、东施效颦。我们要坚定不移走好走稳自己的路。"2014年，我们的路走得好走得稳。2015年，我们更要走好走稳，关键就是要乘势而上，继续发扬我们的"蛮拼精神"。

尽管我们面临"艰和险"，面对困难和挑战，但是我们已经在艰难曲折中开辟了前进的道路，取得了良好的开局，积蓄了不可逆转的改革大势。诚如习近平总书记在中央深改组第八次会议上所言："改革形成了上下联动、主动作为、蹄疾步稳、狠抓落实的好局面，呈现出全面播种、次第开花的生动景象"，在这个全面深化改革的关键之年，"气可鼓而不可泄"，我们务必"巩固改革良好势头，再接再厉、趁热打铁、乘势而上"。借着这不可逆转的势，乘着这不断增续的力，2015年气象必也万千。

世上从来就没有一蹴而就的成功，不需要艰辛付出的事业根本称不上什么伟大。在这新的一年，要继续推进全面建成小康社会、全面深化改革、全面依法治国、全面从严治党，关键就是要有心气，以一往无前的进取精神，把我们的事业进行到底；有肝胆，以大无畏的精神，一鼓作气、势如破竹地把改革难点攻克下来；有干劲，以钉钉子精神，不断越沟迈壑、走向坦途。

"问题是时代的声音，人心是最大的政治"。在这充满希望的新一年，只要我们坚持问题导向，倾听人民呼声，继续啃硬骨头，继续"蛮拼精神"，我们就没有攻不下的难关，国家发展和人民生活就一年更比一年好。

2014 年 12 月 31 日

新常态应有好状态

我国经济发展已经进入新常态。习近平总书记在中央经济工作会议上深刻阐述了新常态的内涵。主动适应新常态，不仅是中央提出的明确要求，也是新常态对各级干部提出的迫切考题。处在经济增速换挡期、结构调整阵痛期、前期刺激政策消化期"三期叠加"的情势下，面对模仿型排浪式消费阶段基本结束，个性化、多样化消费渐成主流，如何采取正确的消费政策，释放消费潜力？面对新技术、新产品、新业态、新商业模式的投资机会大量涌现，如何把握投资方向，消除投资障碍？面对农业富余劳动力减少，要素的规模驱动力减弱的态势，如何让创新成为驱动发展新引擎？凡此种种，都是新常态下对我们提出的新要求。要主动适应新常态，顺应这些新要求，就必须有一个好的状态。

习近平总书记强调，"良好的精神状态，是做好一切工作的重要前提"。适应新常态，关键就是要有好状态。这个好状态，一言以蔽之，就是"观念上要适应，认识上要到位，方法上要对路，工作上要得力"。然而，与中央的要求相比，与人民群众的期待相比，与新常态对发展提出的要求相比，一些地方、部门的干部还不太在状态。

倘若为这些没有好状态的干部画像，就是那种"一杯茶、一根烟，一张报纸看半天"的人，就是那种"平平安安占位子，忙忙碌碌装样子，疲疲沓沓混日子，年年都是老样子"的人。还有的就是感叹现在不是干事的好时候，风气紧，规矩太多，自由太少，干事束手束脚，很不自在，认为"不干不出事，少干少出事，干多了可能会坏事"，因此"只要不出事，宁愿不做事"。如此在其位不谋其政、在其岗不在其状态，又怎么能适应新常态的需要，又如何能抓住新常态带来的发展机遇？反而极可能贻误发展机会，甚至成为推进发展、共筑梦想的绊脚石。

新常态应有好状态，务必在思想上正起来。一些干部不是对新常态缺乏认识，而是思想上出了问题。"总开关"没有把好，思想上没有摆正，行动上就必然会变形走样。各级干部应当认识到，反腐败正党心、得民心，是我们党作为执政党不变的价值选择。反腐败的高压态势，也将成为新常态。正风肃纪、刚性约束，同样是我们党坚持党要管党、从严治党的必然选择。对于党员干部来说，这样的环境没有选择，只能服从。是党的干部，就必须接受党规党纪的严格约束。同时，还必须认识到，这样的从严环境，反而是干事的宽松环境，有利于各级干部清清白白做人、干干净净干事。只有那些自身不干净的人，才会对这样的环境有怨怼、造舆论。面对这样的杂音、"非主流情绪"，不能随波逐流，而要端正思想态度，彻底在思想和灵魂深处摆正位置，认识自身，到底是想干净干点事，还是如此这般混日子。

新常态应有好状态，务必在精神上动起来。有的人精神上消极懈怠，太平日子过久了，不愿意对变化的环境作出主动的应对，不愿意在改变了形势下更加积极地作为。像磨盘一样，不推不动。只有坚持发展、主动作为，才是好状态。咬定发展不放松，就不会东一榔头西一棒。积极主动作为，才能抓住问题、矛盾，及时加以解决。消极被动，机遇就失去了，问题就积压了，发展就可能面临停滞。如此，我们就难以在复杂变化的环境中开辟前进之路。

新常态应有好状态，务必在行动上拼起来。在新年贺词中，国家主席习近平称"各级干部也是蛮拼的"，这是对那些在状态的干部的真实写照，温暖了广大干部的心窝。在新的一年，在新常态下，各级干部更要发扬"蛮拼精神",认认真真、踏踏实实干起来。不干,就什么也没有。不实干,同样什么成果也不会得到。这个干,不是蛮干,根本的就是要做到中央经济工作会议提出的"更加注重满足人民群众需求"等"八个更加",结合本地区、本部门的实际,创造性地落实决策、开创性地做好工作。

我们已经进入一个充满生机与活力的好时代,新常态更是想干事人的舞台、肯干事人的平台。对于那些想为人民做点事的人、想让自己少点遗憾的人、想证明自己也能行的人,新常态就意味着奋斗的机会、进步的机会、创业的机会。那么,保持好状态,就一定能赢得未来。

2015 年 1 月 8 日

创新，一个永恒的主题

　　临近春节，习近平总书记携家人重回当年插队的梁家河成为网民们关注的热点。细数一个个温馨的感人时刻，有一个细节让人印象深刻：40 年前习近平带领村民建成的沼气池至今还在，总书记招呼大家在沼气池旁写有"自力更生、艰苦奋斗"的宣传画前合影留念。

　　想当年，梁家河条件那么艰苦，但为了在保护植被的前提下解决老百姓烧柴难问题，习近平苦心钻研，勇于创新，远赴四川学习，打好了陕西第一口沼气池。沼气池事虽不大，却体现了习近平立足实际进行创新的作风。40 年来，这矢志创新的作风从梁家河走出，贯穿着习近平的执政轨迹。

　　"删繁就简三秋树，领异标新二月花。"中华民族历来具有富于进取、革故鼎新的品格，这保证了我们民族几千年文明不衰、生机勃发。

　　纵观世界，从四大发明，哥白尼不盲从"日心说"到马克思主义中国化，到伽利略挑战亚里士多德确立自由落体定律，再到富兰克林、爱迪生等痴迷于发明创造，这种勇于创新、探索未知的精神推动着人类文明从一个高峰攀上另一个高峰。

　　身处 21 世纪的当下，改革创新依然是时代精神的精髓，且早已超越了科技范畴。我们正处于一个飞速发展的时代，创新精神显得尤为重要。只有拥有创新精神的国家，才能让自己立于世界强国之林。只有坚持创新，个人才能实现价值，企业才能获得优势，国家才能繁荣富强。

创新精神的主要内涵包括创新意识、创新思维和创新能力。创新精神是一个国家和民族发展的不竭动力，也是一个现代人应该具备的素质。只有具有创新精神，我们才能不断开辟新的天地。

大到一个国家，小到一个乡镇、一个单位、一个企业、一个部门，创新是其事业长盛不衰的法宝，还决定着人们的精神面貌。一个墨守成规的人只会老气横秋，一个因循守旧的单位只会暮气沉沉。

从党和国家层面看，没有改革创新，就没有当今中国的辉煌成就，这世所公认。进入新时期，党的十八届三中全会对全面深化改革作出部署，勾画了蓝图，包括经济、政治、文化、社会、生态文明和党的建设等各个方面，涉及 300 多项重要改革举措。

一年多来，中国各领域的改革创新呈现加快推进之势，改革部署出台的数量之多、频率之高、力度之大，均前所未有。世界舆论认为，中国在"动真格"，"中国改革的幅度和力度超出预期，让国内外大吃一惊。"

最近，习近平总书记就"四个全面"的战略布局发表了重要讲话，提出改革创新贯穿了全面深化改革、全面依法治国、全面从严治党这三大战略，把改革创新放在关键位置，体现了一往无前的坚强决心。

2 月 14 日，习近平瞻仰中共七大会址时指出：实践创新和理论创新永无止境。毛泽东思想、邓小平理论、"三个代表"重要思想、科学发展观都是在实践基础上的理论创新。

再回顾习近平总书记的讲话，关于创新的要求随处可见——2013 年看望政协委员时他指出：要坚定不移走中国特色自主创新道路，深化科技体制改革，不断开创国家创新发展新局面。变"要我创新"为"我要创新"。在 2014 年两院院士大会上他强调：我国科技发展的方向就是创新、创新、再创新。在 2014 年亚太经合组织

（APEC）工商领导人峰会上他指出：如果说创新是中国发展的新引擎，那么改革就是必不可少的点火器，要采取更加有效的措施把创新引擎全速发动起来。他说：惟改革者进，惟创新者强，惟改革创新者胜。

2015 年 2 月 15 日

以五大理念深刻撬动发展变革

"实现'十三五'时期发展目标，破解发展难题，厚植发展优势，必须牢固树立并切实贯彻创新、协调、绿色、开放、共享的发展理念。这是关系我国发展全局的一场深刻变革。"党的十八届五中全会鲜明提出了这五大发展理念，不但给予重大定性、赋予重大意义，更作出了深入阐释和全面部署。全会公报不足6000字，五大发展理念的阐释和部署就达3100多字，占去了超过一半的篇幅，足见五大理念的分量之厚重、对我国发展全局之关键。

犹记7月20日召开的中央政治局会议，在研究关于制定"十三五"规划的建议时，这样强调了发展理念的极端重要性："发展理念是发展行动的先导，是发展思路、发展方向、发展着力点的集中体现。"同时要求"把发展理念梳理好、讲清楚""为'十三五'时期我国经济社会发展指好道、领好航"。如此重视发展理念的梳理，就在于党中央对我国发展进入新阶段方位和形势的科学判断和深刻把握，必须以新的发展理念来撬动一场深刻变革，才能推动当代中国爬坡过坎，迈过"中等收入陷阱"，决胜全面小康。

今日中国，正进入全面建成小康社会的决胜阶段。要实现这第一个百年奋斗目标，就必须推动当代中国的经济转轨、社会转型、观念转变，以使我们有足够的时机修习内功、积聚势能，进而为向第二个百年奋斗目标迈进打下坚实基础、做好充分准备。显然，这是一场深刻的变革，也是决定当代中国赢得未来的"关键一招"，唯先进的、科学的发展理念方能当之。

创新、协调、绿色、开放、共享，这五大发展理念，可以说紧紧扣住了当代中国发展的五大命脉。创新是核心，是发展的动力所在，要获得发展新动力就必须按下全面创新这个按钮。协调是关键，是补齐短板、实现全面小康的重点所在。绿色是基础，不能走先污染后治理、粗放发展的老路，绿色化的新型发展才是出路。开放是保障，我国经济既是深度融入世界经济、不可能独善其身，就要打好开放型经济这手牌，为我国发展增续更多动力、提供更多支持。共享是根本，人民没有获得，发展得再好有什么用？让人民共建共享，才能汇聚13亿人民的磅礴之力。由是观之，这五大理念，委实关涉发展的五个至关重要的方面，是对传统发展思路、模式的全面革新、升级，既缺一不可，又互为倚重。

显然，这五大发展理念，要贯彻到发展实践中，就不是常规打法、惯常套路，而是首先要在思想观念深处来一场变革。唯有先启动这一思想观念的变革，才能撬动我国发展全局的深刻变革。这就是为什么这次全会要强调"全党同志要充分认识这场变革的重大现实意义和深远历史意义"的原因所在。也只有真正认识了这场变革的意义，才会去自觉推动思想观念的转变，自觉接受并切实贯彻这五大发展理念。

2015 年 10 月 30 日

让亿万人民笑起来

　　中国共产党第十八届中央委员会第五次全体会议，听取和讨论了习近平受中央政治局委托作的工作报告，审议通过了《中共中央关于制定国民经济和社会发展第十三个五年规划的建议》。习近平就《建议（讨论稿）》向全会作了说明。全会提出，坚持共享发展，必须坚持发展为了人民、发展依靠人民、发展成果由人民共享，作出更有效的制度安排，使全体人民在共建共享发展中有更多获得感，增强发展动力。"坚持人民主体地位"，"实现全体人民共同迈入全面小康社会"，这样的话语格外醒目。

　　习近平总书记曾指出："'十三五'时期是我们确定的全面建成小康社会的时间节点"，"是我国发展的重要阶段"。"十三五"规划有很多创新性的思维，其中引人瞩目的一点是明确指出，今后一个时期的发展必须是遵循社会规律的包容性发展，是"坚定不移走共同富裕的道路"的发展，是以"人民对美好生活的向往"为奋斗目标的发展，是"让人民群众有更多获得感"的发展。"政之所兴在顺民心"。这种让更多人共享发展成果的规划方案，坚持以人民为中心的发展思想，将"增进人民福祉、促进人的全面发展"置于新发展理念核心地位的思路，必将得到亿万人民的认同和拥护，极大地凝聚民心，进而激发亿万人民全面建成小康社会的更大热情。

　　是让少数利益集团垄断改革红利，还是让改革开放成果为全民共享，这事关改革的成败。能否在一份科学的发展规划中突出"让人民群众有更多获得感”的指导方向，达到“实现全体人民共同迈入全面小康社会”的目标，需要解决许多复杂课题，需要完成一系列"啃硬骨头"工程。但千头万绪，总有规律。"小康不小康，关键看老乡"，这就是“十三五”规划的内在逻辑准则。

在中国，自第一个国民经济五年计划制定实施以来，国家已发生翻天覆地的变化。而改革开放30多年来，中国社会经济的进步更是创造了人类历史上的奇迹。但不可回避的是，伴随着物质财富的急剧膨胀，在“学有所教、劳有所得、病有所医、老有所养、住有所居”等等与民生相关的方面，在贫富差距增大的严重性方面，仍然可以列出一系列问题清单，仍存在着发展短板、洼地。面对这样的挑战，习近平总书记在不同场合分别强调，要“实施脱贫攻坚工程”，实施“精准扶贫”“精准脱贫”，不能让贫困拖了中国发展的后腿；在实现全面建成小康社会的目标时，“一个民族都不能少”，“不能丢了农村这一头”，“决不能让一个苏区老区掉队”……语重心长，情真意切。“十三五”规划体现出来的“坚持人民主体地位”原则，字里行间表达出来的改革成果共享理念，根本目的就是让政策、规划得到最广大人民群众的支持，让老乡们发自内心地笑起来，让改革开放不断释放红利并为全民共享。

“百年富民强国梦，花好月圆看今朝”。当中国进入一个新的发展周期的时候，无论遇到什么困难和挑战，人民都将是推动发展的根本力量。畅想2020，我们对全面小康的美景充满期待。

2015 年 10 月 30 日

让创新驱动中国爬坡过坎

"坚持创新发展，必须把创新摆在国家发展全局的核心位置，不断推进理论创新、制度创新、科技创新、文化创新等各方面创新，让创新贯穿党和国家一切工作，让创新在全社会蔚然成风。"

党的十八届五中全会把创新作为五大发展理念之首，摆在国家发展全局的核心位置，从形成促进创新的体制架构、培育发展新动力、拓展发展新空间、深入实施创新驱动发展战略、构建发展新体制等诸多层面作出了明确部署。足见对创新带动发展深刻变革的深切期许，对发动创新这个新引擎以驱动中国爬坡过坎决胜未来的殷切期望。

当今世界，综合国力的竞争，归根到底是国家创新能力的竞争。创新作为当代中国发展的新引擎，所带来的深刻变革正在加深，在一些行业和领域正在和即将发生"化学反应"。从正在形成的大众创业、万众创新的良好态势，到"互联网＋"所释放的"风口效应"，再到《中国制造2025》所展示的崭新气象，让人们看到了创新驱动所带来的美好前景。而另一方面，在全球价值链中，中国不少产业还处于低端，核心技术仍然受制于人，出现很多"卡脖子"问题。中国科技进步贡献率刚刚超过50%，还远低于发达国家水平。现在，新一轮科技革命正在孕育，唯有创新才能培育经济增长点、抢占发展制高点。

全会不仅突出强调了创新这一发展理念的建树，更指明了努力的重点方向。把发展基点放在创新上，追求的是"更多依靠创新驱动、更多发挥先发优势的引领型发展"。"优化劳动力、资本、土地、技术、管理等要素配置",为的是激发创新创业活力。"实施一批国家重大科技项目,在重大创新领域组建一批国家实验室",才能更好发挥科技创新在全面创新中的引领作用。深化行政管理体制改革,转变政府职能,持续推进简政放权、放管结合、优化服务,提高政府效能,目的就是激发市场活力和社会创造力,"加快形成有利于创新发展的市场环境、产权制度、投融资体制、分配制度、人才培养引进使用机制"。如此多管齐下,全面突破,必将形成千帆竞发的良好创新态势。

2014年,习近平总书记曾有关于改革创新的一段深情讲话:"生活从不眷顾因循守旧、满足现状者,而将更多机遇留给勇于和善于改革创新的人们。在新一轮全球增长面前,惟改革者进,惟创新者强,惟改革创新者胜。我们要拿出敢为天下先的勇气,锐意改革,激励创新"。重温这段激荡心扉的话语,面对"十三五"的发展大势和决胜目标,唯以全部的激情、心思与精力,投入这一场创新的大热潮、大变革中,方能不辜负这个伟大时代,不辜负我们的伟大梦想。

2015 年 10 月 31 日

补齐短板　协调发展

　　党的十八届五中全会约 6000 字的全会公报中，尽管"协调"二字出现的频率不是最高，但却是补齐发展短板、平衡诸多元素，实现全面小康的重点所在，是非常关键的发展理念。

　　协调发展的理念，其首要意义在于正确处理发展中的重大关系。协调发展的前提，是牢牢把握中国特色社会主义事业总体布局，正确认识、分析和判断一切积极因素与消极因素。既要看到过去多年取得的成就，积累的经验，更要充分认识当前面临的诸多矛盾叠加、风险隐患增多的严峻挑战。在"发展起来以后"的节点上，更加注重发展和治理的系统性、整体性、协同性，从而准确把握"十三五"时期我国发展环境的基本特征，破解发展难题，厚植发展优势，弥补发展短板，拓宽发展空间，全力寻求并形成可持续发展的后劲。

　　"协调发展、绿色发展既是理念又是举措，务必政策到位、落实到位。"强调协调发展，强调理念与举措的一致性，重要之处在于统筹兼顾，在事关发展的诸多重大关系中，妥善处理好主要矛盾与次要矛盾的关系，妥善处理好当前发展中出现的困难、问题与重要战略机遇期之间的关系。五中全会从推动区域协调发展、推动城乡协调发展、推动物质文明和精神文明协调发展以及推动经济建设和国防建设融合发展四个方面阐述了协调发展的方向和目标。全会还提出，重点促进城乡区域协调发展，促进经济社会协调发展，促进新型工业化、信息化、城镇化、农业现代化同步发展，在增强国家硬实力的同时注重提升国家软实力，不断增强发展整体性。这一系列方向、目标和任务明确而又具体，使协调发展的理念与发展中的重大关系密切结合，为"十三五"乃至更长时期的发展提供了攻坚突破口，描绘出"十三五"新的发展路线图。

历经改革开放 30 多年的高速发展，中国正面临着一系列不平衡、不协调、不可持续的问题。为此，必须全面深化改革。而深化改革尤其需要将改革意识与改革行动能力协调一致，有所想，有作为，勇于担当，脚踏实地，理念与行动紧密结合，知行合一，才有可能适应新常态、把握新常态、引领新常态，才会符合当前和今后一个时期我国经济发展的大逻辑。这正是协调发展理念的深刻内涵。

在中国经济发展的约束条件已发生了巨大变化，全面深化改革已进入攻坚克难的关键时期，牢固树立并切实贯彻创新、协调、绿色、开放、共享的发展理念，努力推进协调发展，必将促进我国发展全局的深刻变革，在"十三五"规划的实施中收获丰硕成果。

2015 年 11 月 2 日

坚持绿色发展，建设美丽中国

　　党的十八届五中全会提出五大发展理念，绿色发展位列其中。党的十八大以来，"既要金山银山，也要绿水青山，绿水青山就是金山银山"的理念深入人心。从首次将生态文明纳入"五位一体"总体布局，到"史上最严"新环保法的实施，对环境保护、生态文明的重视和推进，达到了一个新高度。此次绿色发展理念的提出，更昭示用绿色发展理念引领美丽中国建设的美好前景。

　　全会提出"构建科学合理的城市化格局、农业发展格局、生态安全格局、自然岸线格局"，"推动低碳循环发展，建设清洁低碳、安全高效的现代能源体系"，一系列高屋建瓴的顶层设计，一方面着眼城镇化、农业发展、生态安全、自然岸线协调并进，实现了对陆地海疆全方位的覆盖统筹。另一方面，用指向具体的现代能源体系，为绿色发展提供了着力点、动力源。从环境治理层面看，全会还提出了不少"长牙齿、动真格"的落实手段："实行最严格的环境保护制度……实行省以下环保机构监测监察执法垂直管理制度""实施山水林田湖生态保护和修复工程，开展大规模国土绿化行动，完善天然林保护制度，开展蓝色海湾整治行动。"严字当头的环保体制变革有助于防止地方保护主义的狭隘短视，避免环保体制"灯下黑"和环保力度的"边际递减"。而对症下药的保护修复工程、绿化整治行动等具体措施，则将对一些顽疾产生立竿见影的积极功效。

　　世界经济复苏的步履蹒跚，国内经济转型和产业升级的爬坡过坎，都引发起不少人"要不要坚持绿色发展"的疑惑。对此，习近平总书记曾说："小康全面不全面，生态环境质量是关键"，"在生态环境保护上一定要算大账、算长远账、算整体账、算综合账，不能因小失大、顾此失彼、寅吃卯粮、急功近利"。从这个意义上说，坚持绿色发展既是关系人民福祉的重要工程，也是关乎民族未来的长远大计。只有坚定走生产发展、生活富裕、生态良好的文明发展道路，经济社会的可持续发展才有所依托，人民群众的健康生活才有所保障。

"推进美丽中国建设，为全球生态安全作出新贡献。"作为举足轻重的大国，中国走一条怎样的发展道路，是关乎全人类福祉的大事。坚持绿色发展，建设青山、绿水、蓝天的美丽中国，也是为世界大花园增添亮色。

2015 年 11 月 2 日

开放使中国越来越强

"坚持开放发展，必须顺应我国经济深度融入世界经济的趋势，奉行互利共赢的开放战略，发展更高层次的开放型经济，积极参与全球经济治理和公共产品供给，提高我国在全球经济治理中的制度性话语权，构建广泛的利益共同体。"这是中共十八届五中全会提出的五大发展理念中"开放发展理念"的核心表述，赋予了对外开放战略新内涵，为打造对外开放新格局指明方向。

37年前，党作出了决定中国命运的历史性抉择，开启了改革开放的伟大进程。37年风雷激荡的伟大实践证明，改革与开放，一内一外，犹如双轮驱动，两翼齐飞，使中华大地发生沧桑巨变，中国以让世界惊叹的发展，一步步赶超强国而成为全球第二大经济体。开放，让中国从封闭半封闭状态蜕变成世界上开放程度最高的发展中大国；开放，让一个面向现代化、面向世界、面向未来的社会主义强国巍然屹立在世界东方。

应该看到，时代的发展已经赋予对外开放的新内涵。30多年前，对外开放主要是"引进来"——引进外来资金、技术、管理经验等，弥补自己发展之不足；而今，对外开放体现在高水平"引进来"与大规模"走出去"并举。

打造对外开放新格局，"融""新""高"是三个关键词。"融"意味着要更深地融入世界，并积极推动建设开放型世界经济；就是让中国市场、中国资金、中国产品、中国技术在多维度、新层次上与世界进一步融合融通。"新"意味着中国要成为新理念、新倡议的提出者和新规则的制定者。在全球经济治理领域，中国日益成为新模式探路者、利益整合者和公共产品提供者，让国际经济格局发生悄然嬗变。"高"意味着推动对外开放迈向更高层次，是为关键。当今中国已扮演着举足轻重的国际角色——重要生产者、新兴消费者、资本输出者、技术革新者。从高铁到核电，"装备走出去""技术走出去"步伐在加快，中国实现了从"世界工厂"向"世界投资人"华丽转身，中国已成为世界第三大对外投资国和资本净输出国。在这样层次上的开放，必须有更远的目标，更广的胸怀，更深的变化，更大的手笔。全会公报就对外开放提出三个"提高"、五个"推进"和一系列具体步骤。体现出高瞻远瞩又务实缜密战略思路。

提倡合作共赢、打造"利益共同体"，是新时期对外开放战略之魂。习近平主席在出访时多次提出打造"人类命运共同体""利益共同体"的倡议，得到国际社会积极响应。中国好，世界就会好，已经成为国际社会共识。中国对外开放政策释放出的红利正不断为全球经济注入新动力。中国对全球经济增长贡献率达到 30% 左右，今后 5 年中国进口商品累计将超过 10 万亿美元，预计未来 10 年中国对外投资将达 1.25 万亿美元。

开放使中国越来越有活力；开放使中国越来越强大。开放将使我们更快抵达中华民族伟大复兴的中国梦这个根本目标。

2015 年 11 月 3 日

让力量在共享中凝聚

"创新、协调、绿色、开放、共享",党的十八届五中全会确立的五大发展理念,"共享"压轴,也是发展的出发点和落脚点,更是发展的根本。然而,共享的发展理念和价值,并不是这一次才提出,为何要如此突出强调并写入五大发展理念、作出具体明确部署?

事实上,"实现好、维护好、发展好最广大人民根本利益"是党全部奋斗的最高目的,"发展为了人民、发展依靠人民、发展成果由人民共享"是党坚持发展的价值所在。而在7月20日召开的中央政治局会议上,不仅第一次把这一目的进一步确立为"发展的根本目的",而且进一步明确了"把增进人民福祉、促进人的全面发展"作为"发展的出发点和落脚点"。这次全会上更是进一步提出"作出更有效的制度安排,使全体人民在共建共享发展中有更多获得感""人人参与、人人尽力、人人享有"。这就丰富了发展的内涵,明晰了发展的精神实质,凸显了"共享"这一发展的根本理念。

这一丰富、明晰、凸显的背后,是党对发展规律的深刻把握,对发展实践经验和教训的科学总结。曾经在一些地方,发展见物不见人,或是发展成果没有体现在群众身上,人民缺少获得感。凡此,都需要从发展理念上进行更精准的校正。

人民群众最讲实际,对于百姓来说,自己如果没有获得,发展得再好也感觉与自己关系不大。因而从根本上说,只有让人民不断有获得感,不断解决人民群众最关心、最现实、最直接的利益问题,人民才会把发展与自己的利益紧密结合起来，才会有投身发展实践的激情和干劲。而从发展的动力来看，人民是创造历史的根本动力，同样是推动发展的根本动力。只有坚持人民主体地位，人民才会焕发主人翁精神，去为发展贡献智慧和力量。这正是"共享"这一发展理念的价值取向和内在逻辑。而明确提出和强调"共享"，就把发展的目的、价值和发展的实践内在地统一了、无缝地对接了。

显然，要坚持共享这个发展理念，就不是口头说说，而是要有"更有效的制度安排"。五中全会具体明确的部署，目的就是为了让发展成果以"看得见的方式"让人民享有，以实实在在的举措、真金白银式的实招增强人民的获得感。发展有了这样的价值导向和实践导向，全面小康不仅可以以"一个都不能掉队"的圆满方式如期实现，全体人民的发展热情和干劲、智慧和力量更会充分激发和释放。

人民的梦想是什么？就是对美好生活的向往。以共建共享发展的方式去实现，以增进人民福祉、促进人的全面发展为依归，中国梦就是人民的梦，就是我们每个人的梦。

2015 年 11 月 4 日

超越千年梦想的历史性决策

23 日召开的中共中央政治局会议要求，到 2020 年通过一系列措施解决 5000 万人左右贫困人口脱贫，完全或部分丧失劳动能力的 2000 多万人口全部纳入农村低保制度覆盖范围，实行社保政策兜底脱贫。

"夫天地之大，黎元为本。"自古以来，消除贫困就是人类梦寐以求的理想，让面朝黄土背朝天的农民彻底告别贫困则是一道前无古人、近无借鉴的旷世难题，而低保全覆盖、社保全兜底让"全民脱贫"的目标正向我们走来。这将是 2006 年取消延续数千年的"皇粮国税"农业税之后，中国乡村发展的又一座里程碑式大跨越。种地免赋，是所有中国农民的千年梦想，而兜底式脱贫则远远超越了数千年来中国人的梦想，是载入史册的波澜壮阔篇章。

兜底式扶贫是党的十八届五中全会提出了五大发展理念中"共享发展"的真实写照。兜底式脱贫有利于弥合城乡鸿沟，彻底解决城乡发展失衡问题，让乡村重聚活力。从发达世界经验来看，乡村发展状况是衡量社会富裕状况的一把标尺，"村里的日子比城里美"是通例。兜底式扶贫让社会主义新农村建设迈出关键性一步，一系列配套措施将进一步抹平城乡差别，"住在哪里都一样"的时代即将到来，幸福指数出现普惠式提高的时代即将到来。

脱贫不是空口号，要有实招，关键是最后的"7000 万"。回顾以往，中国取得了让 7 亿人脱贫的伟大成就，但也要清醒地认识到，"最后一公里"往往是最难啃的硬骨头，要使 7000 多万贫困人口全部脱贫，时间紧、任务重。为打赢这场攻坚战，此次政治局会议要求，通过产业扶持、转移就业、易地搬迁、教育支持、医疗救助等措施和社保政策兜底，这体现了分类施策、因地制宜的原则，让任务更明确，让目标更现实。会议要求各级党委政府逐级立下军令状，意味着严格的监督问责，决不让扶贫走过场。

2020 年一步步走来，如果将全面小康比作一幅壮美画卷，民生是其中最厚重的底色，而兜底式扶贫则是其中最温暖的主题。

2015 年 11 月 24 日

以创新激发媒体生机与活力

"坚持创新为要""顺应互联网发展大势，勇于创新、勇于变革，利用互联网特点和优势，推进理念、内容、手段、体制机制等全方位创新"，在视察解放军报社时，习近平总书记突出强调了创新对于媒体的重要性，是新闻媒体推进融合发展的战略指引。

新闻媒体以提供新的信息、观点为要。如果提供的内容陈旧，传播的方法老套，媒体就很难吸引受众。因而对于媒体来说，创新是生存之基，无创新不生存。尤其是互联网发展大势下，受众可选择的机会很多，如果不始终坚持创新，一刻不停地创新，受众最终就会"用脚投票"，媒体就会被边缘化甚至淘汰出局。

正如习近平总书记所指出的："互联网正在媒体领域催发一场前所未有的变革"，这场变革，在理念、内容、手段、体制机制、技术等诸层面，都可以说是极为深刻的。比如，当越来越多的人都习惯于用手机浏览新闻，如果新闻媒体仍然固守报纸这一种形态，又如何留住自己的老读者、发展新读者？再比如，互联网深刻改变了人们的阅读心理，如果仍然老话、空话、大话、套话成堆，受众的视线又怎能不转移？

"明者因时而变，知者随事而制。"唯有创新，才是媒体生存之道。互联网对传统媒体是挑战，也是机遇，关键就在于能不能利用互联网的特点和优势。推进媒体融合发展，实质就是引入互联网思维，倒逼媒体推进各个层面的创新，最终提升媒体牢牢抓住读者、有效引导舆论的能力。其中的关键，就是要按习近平总书记所要求的："研究把握现代新闻传播规律和新兴媒体发展规律，强化互联网思维和一体化发展理念，推动各种媒介资源、生产要素有效整合，推动信息内容、技术应用、平台终端、人才队伍共享融通"。

习近平总书记指出："对新闻媒体来说，内容创新、形式创新、手段创新都重要，但内容创新是根本的。"这是媒体创新的辩证法。的确，尽管形式、手段都是更好吸引受众的重要方式，但内容才是根本。在媒体融合发展中，互联网技术只是传播的手段，内容才是王道。互联网改变了人们的阅读心理、注意力和兴趣点等等，我们就要及时推进内容创新，在观点、角度、表达、方法诸层面求新求变，才能让受众喜闻乐见，入耳入心，正如习近平总书记在 2013 年全国宣传思想工作会议上所指出的，"增强吸引力和感染力，让群众爱听爱看、产生共鸣，充分发挥正面宣传鼓舞人、激励人的作用"。

"苟日新，日日新，又日新"，唯有创新才是永恒不变的。媒体如此，国家、民族、社会亦如是。

2015 年 12 月 27 日

深化改革，坚定信心定力

科技的竞争就是人才的竞争

在日前召开的中国科学院第十七次院士大会、中国工程院第十二次院士大会上，习近平主席发表了重要讲话。习近平主席明确提出，为实现中华民族伟大复兴的目标，必须坚定不移贯彻科教兴国战略和创新驱动发展战略，坚定不移走科技强国之路，必须坚持创新、创新、再创新的科学发展方向。同时，他强调了人是科技创新最关键的因素，创新的事业呼唤创新的人才。如此突出科技人才的作用，无疑抓住了我国科技发展战略的关键与基础。

科技人才是一个特殊的群体。他们是一些在科学技术劳动中，以自己较高的创造力、科学的探索精神，为科学技术发展和人类进步作出贡献的人。这样一些人，在任何国家都是不可多得的稀缺资源，是难以计量其价值的宝贵财富。人们还记得美国的"曼哈顿计划"，正是借助那些顶尖科技人才，美国人率先掌握了核武器，从而取得了第二次世界大战的战略主动。战后至今，同样是因为高度重视科技人才的作用，美国得以在从军事到医学，从制造业到互联网等不同的领域中长期保持领先优势。从某种意义上说，"美国价值观"形成及其影响力，不完全来自于国会中那些政客的种种巧妙算计，更是来自于麻省理工或斯坦福等大学实验室中的深奥计算。在中国，科技人才同样是国家的财富、人民的骄傲、民族的光荣。在"两弹一星"、载人航天、探月工程、载人深潜、北斗导航、高温超导、纳米科技、人类基因组测序，以及超级杂交水稻、汉字激光照排、高性能计算机等基础科学和工程技术科学方面的成果背后，是钱学森、邓稼先、袁隆平、王选等等一代又一代科技人才的贡献。科技人才的巨大作用，为我国经济社会发展提供了坚强支撑，为国防安全作出了历史性贡献，也为我国作为一个有世界影响的大国奠定了重要基础。

但必须看到，我国的科技人才无论在队伍的壮大、作用的发挥、突破和掌握重大科技成果的能力等"硬指标""软指标"诸方面，与美国等发达国家相比仍然存在较大差距，与创新科技的发展战略要求相比，与实现中国梦的战略需求相比，极其不相称。有个数字或许可以说明现状：尽管近十年来我国的发明专利申请数量年年增加，总数量已达世界第一。但是，据2012年国外权威机构评价，在"创新专利""专利影响力"等关键指标方面，美国以47家企业位居榜首，日本以25家企业排名第二，中国企业排在100名之外。虽然专利数量领先，但专利质量和影响力不足，这是中国科技水平的尴尬。换句话说，许多核心技术、关键技术，我们仍无法掌握，仍不得不继续艰苦地摸索。

关于科技人才队伍的培养建设面临的种种制约因素，应该说，既有缺少对知识和人才的尊重，缺少资金投入，缺少对知识产权的有力保护等老问题；也有学术风气不正，甚至学术腐败、科研腐败等一些新问题。显然，所有这些问题已经到了必须予以解决的时候了。我们必须一再强调，科技的竞争就是人才的竞争。谁能够想方设法发现人才、培养人才，努力创造环境和条件吸引人才、留住人才、用好人才，谁就能够通过人才之源流浇灌科研之园地，并收获丰硕成果，抢占竞争高地。

人类对自身的认识还远远不够。中国数千年文化蕴藏的知识宝藏和中国人被压抑着的聪明才智还远远没有发掘出来。今天，伴随着大数据、云计算、中文检索、3D打印、人工智能等等新技术的迅猛发展，随着我国科技人才战略的坚定实施，可以预见，将有一批批科技领军人才、尖子人才如雨后春笋般出现，一些世界级科技大师将脱颖而出。那时，中国人必将迎来一个百花争艳的科技春天。

2014 年 6 月 10 日

决策咨询制度化体现新的执政风格

7月8日，中共中央总书记、国家主席、中央军委主席习近平主持召开经济形势专家座谈会，听取专家学者对当前经济形势和做好经济工作的意见和建议。

在认真听取了与会专家发言，并同他们进行讨论交流后，习近平总书记发表了重要讲话，并在讲话中强调指出，广泛听取各方面专家学者意见并使之制度化，对提高党的执政能力、提高国家治理能力具有重要意义。

古人有言："所贵圣人之治，不贵其独治，贵其能与众共治。"（语出《尹文子》）中国共产党在长期的执政历程中，始终重视与全社会各阶层各方面的有识之士肝胆相照，为民族大业共同奋斗。党的十八大和十八届三中全会要求加强中国特色新型智库建设，建立健全决策咨询制度，是以习近平为总书记的党中央确定的执政思路之一。在事关经济社会发展等重要决策方面，广泛听取各方面专家学者意见并使之制度化，是习近平总书记带头倡导的崭新的执政方式。这一执政风格在提高党的执政能力、提高国家治理能力方面产生的变化，已经让人耳目一新，并且将越来越显示出其重要意义。

智库建设，建立健全决策咨询制度，是习近平总书记极为重视的密切联系群众作风在领导决策过程中的重要体现，是党重视和推进决策科学化、民主化建设的重要一环。它要求各级领导、各级政府部门在分析问题，研判形势，谋划工作，作出决策时，一切从人民群众的利益出发，一刻也不脱离群众，一定要从群众中来，到群众中去，问计于民，充分听取上上下下方方面面的意见和建议，兼听兼顾，统筹协调，集思广益，汇聚众智。由此而自觉认识和更好遵循经济规律、自然规律，准确把握改革发展稳定的平衡点，准确把握近期目标和长期发展的平衡点，准确把握改革发展的着力点，准确把握经济社会发展和改善人民生活的结合点，不断提高推进改革开放、领导经济社会发展、提高经济社会发展质量和效益的能力和水平。

智库建设，建立健全决策咨询制度，对参与其中的各方面专家学者们既是尊重和信任，同时也是严肃的考验。专家学者们在决策咨询制度化建设过程中，需要充分展示其专业造诣、责任意识，需要具备对国家对人民高度负责的精神，需要敢于直言，更需要拿出真知灼见，为党中央科学决策建言献策。因此，广大专家学者必须深入实际、深入群众、深入基层，倾听群众呼声，掌握真实情况，广泛调研，潜心研究。中国人有足够的智慧，中华民族人才辈出。在实现中华民族伟大复兴中国梦的征途上，必将会有一批批忧国忧民的、高素质的爱国精英贡献才智，与党同心同德，为推进决策科学化、民主化建设实现他们的人生价值和光荣使命。

"九层之台，起于累土。"随着智库建设的不断加强，决策咨询制度化的建立、完善和不断发挥作用，党的执政理念的变化进步和新执政风格的确立，将体现在不同的领域；党的执政能力、国家治理能力将呈现全新的面貌。

2014 年 7 月 9 日

勇闯深水区重在抓落实

中共中央总书记、中央全面深化改革领导小组组长习近平8月18日上午主持召开中央全面深化改革领导小组第四次会议并发表重要讲话。

近一个时期以来，随着"打虎拍蝇"反腐败不断取得成果，广大人民群众进一步期盼着党中央在全面深化改革方面有新的部署和安排。这次习近平总书记主持召开的中央全面深化改革领导小组第四次会议，审议了《中央管理企业主要负责人薪酬制度改革方案》《关于合理确定并严格规范中央企业负责人履职待遇、业务支出的意见》《关于深化考试招生制度改革的实施意见》，审议通过了《关于推动传统媒体和新兴媒体融合发展的指导意见》《党的十八届三中全会重要改革举措实施规划（2014—2020年）》《关于上半年全面深化改革工作进展情况的报告》。这让人民群众感觉到，党中央确定的全面深化改革的"总施工图"正在有条不紊地实施，治国理政的布局清晰有力。

人们注意到，中央全面深化改革领导小组成立以来，改革步伐不断加快，改革力度越来越大。"单独二孩"、废除劳教、户籍改革、公车改革，再加上这次审议的央企负责人薪酬制度改革方案等新举措，明显可以看出改革正在勇闯深水区，一些多年悬而未决的难题开始解题，这样那样的"硬骨头"被不动声色地啃掉。这其中涉及的改革阻力之大，形成改革共识之难，超乎人们的想象。唯其如此，越发显现出党中央全面深化改革的决心是多么强烈，越发证实什么是"踏石留印、抓铁有痕"，什么叫"行动最有说服力"。

人们尤其注意到习近平总书记抓改革的一些特色。他有魄力，敢碰硬，大局指挥若定，兼顾轻重缓急，特别强调抓落实。他抓改革强调真抓实干，蹄疾步稳，务求实效，关键的一条是把抓落实作为推进改革工作的重点。国家发展面临的一系列突出矛盾和问题，改革深水区中的深层矛盾，不可能一蹴而就地很快解决。发现矛盾和问题了，谋划出改革方案了，接下来就看能不能落实。只有把改革方案一一落实，才算是真枪真刀推进改革；只有把前面提出的改革方案落实到位，才能为今后的改革开好头。抓改革强调抓落实，是真正从人民群众的利益出发，以解决好人民群众反映强烈的问题，回应人民群众呼声和期待为目的。各项改革方案只有落到实处，广大人民群众感受到实实在在的改革成效才能为改革叫好，也才能共同为改革想招、一起为改革发力。

强调抓落实，对各级各地方领导是提高执政能力、提高执行力的考验。一些重要的改革方案、改革举措在落实过程中难免遇到种种阻力，遇到新问题。此时，坚持落实就意味着敢干、敢试，敢于打破现有的工作格局和体制运行，经历磨炼，承担风险。

抓改革必须按"总施工图"实施。狠抓工作落实，实施方案要抓到位，实施行动要抓到位，督促检查要抓到位，改革成果要抓到位，宣传引导要抓到位——这几个"抓到位"充分体现了实事求是的科学务实精神，让广大干部群众对于"改革开放只有进行时、没有完成时"的总体战略部署充满了信心。

2014 年 8 月 20 日

真刀实枪推进改革

习近平总书记在中央全面深化改革领导小组第四次会议上强调，今年是党的十八届三中全会提出全面深化改革的元年，要真枪真刀推进改革，为今后几年改革开好头。要让人民群众感受到实实在在的改革成效，引导广大干部群众共同为改革想招、一起为改革发力。

习总书记的这番话，语重心长，铿锵有力，仿佛让人们再次重温激情燃烧的改革岁月。最近，电视剧《历史转折中的邓小平》掀起收视热潮，《邓小平时代》再登畅销书榜……当非偶然。这表明，中国老百姓拥护改革，支持改革，参与改革，热情依然极高，期望尤其殷切。

"杀出一条血路"，是邓小平对中国改革开放的坚定誓言。从拨乱反正的党的十一届三中全会，到启动全面改革的南方谈话，从确立以经济建设为中心，到提出社会主义市场经济改革目标，在中国大地上，小平同志以如椽巨笔，擘画前无古人的伟业；以胆识胸襟，推动国家民族的前行，将社会主义中国带到一个前所未有的境界。

今天的中国，和30多年前相比，已经发生了翻天覆地的变化。经济总量稳居世界第二。中国的改革成就举世公认，令人羡慕。但也许会使人产生一种错觉：改革还有那么紧迫重要吗？改革还有更大的空间舞台吗？改革攻坚克难的方向在哪里？习近平总书记曾经指出："现在，改革矛盾多，难度大，但不改不行。我们要拿出勇气，坚持改革开放正确方向，敢于啃硬骨头，敢于涉险滩，既勇于冲破思想观念障碍，又勇于冲破固化利益藩篱，做到改革不停顿，开放不止步。"

与当年"杀出血路"一样，真刀实枪推进改革，是新一届中央领导集体的执政风格。党的十八大以来，我国在政治、经济、社会等各个领域改革，果断"亮剑"，稳抓稳打。党的十八届三中全会列出了 60 项改革任务，已经实质性地启动了 39 项，如：发展混合所有制经济，合理确定国企管理人员薪酬水平，提出消除地区封锁打破行业垄断，明确将宅基地和集体建设用地使用权确权登记发证纳入不动产统一登记制度，提出进一步推进新股发行体制改革的意见，提出推进户籍制度改革意见，加快自由贸易区建设——改革举措密集推出，逐一落实，形成一波接一波全面推进的良好态势。这次，又审议通过了《关于推动传统媒体和新兴媒体融合发展的指导意见》《党的十八届三中全会重要改革举措实施规划（2014—2020 年)》《关于上半年全面深化改革工作进展情况的报告》。可以说，中央全面深化改革领导小组召开的四次会议，无不就国家改革开放的重大问题，提出重要意见，作出明确部署，既有施工图，又有总台账，改革路径、成果形式、时间进度，一目了然，催人奋进。

世界变化日新月异、民众期待越来越高。从这个意义上说，要跟上人民群众的迫切愿望，要与转型期的风险赛跑，与解决问题的时间窗口赛跑。我们必须克服"改革疲劳症"，防止"改革疑虑症"，敢于啃硬骨头，敢于涉险滩，牢牢把握改革主导权，始终掌握发展主动权。

20 世纪 80 年代末，冷战结束后，一位叫福山的日裔美国人，曾武断地宣告，"历史终结了"。现在看来，只有"历史终结论"终结了。发展永无止境，改革未有穷期。只要坚持改革不停顿，开放不止步，中国特色社会主义一定能不断焕发生机活力，中国梦就一定会变为美好现实。

2014 年 8 月 21 日

2015，我们更加信心百倍

"我们要继续努力，把人民的期待变成我们的行动，把人民的希望变成生活的现实。""我们要让全面深化改革、全面推进依法治国如鸟之两翼、车之双轮，推动全面建成小康社会的目标如期实现。"当日历翻开新的一页，2015 年到来之际，国家主席习近平发表新年贺词，向亿万人民表达了新一年的美好期望。

新的一年，新的期望。亿万人民群众期望国家更加繁荣富强，人民生活水平不断提高；期望政治更加清明，法治更加牢固，社会更加公平公正，经济持续稳定发展；期望有更多的"APEC 蓝天"，更安全便利的生活。毫无疑问，对于实现这些美好的期望，对于实现全面深化改革、全面推进依法治国的目标任务，中国人民充满了信心。

中国人民的信心，首先来自于过去一年全面深化改革积累的宝贵经验。那种主动作为、蹄疾步稳的从容不迫，那种全面播种、次第开花的生动景象，让人们看到了以习近平同志为总书记的党中央统筹全局、驾驭大局、先后有序、缓急兼顾的高超领导能力。

"我国人民生活总体越来越好，但我们时刻都要想着那些生活中还有难处的群众。我们要满腔热情做好民生工作，特别是要做好扶贫开发和基本生活保障工作，让农村贫困人口、城市困难群众等所有需要帮助的人们都能生活得到保障、心灵充满温暖。"习近平主席的贺词，再次强调党要始终坚持为人民服务的宗旨，始终牢记人民的利益，要把人民的需要时刻放在心上。人心是最大的政治。有了这样一个与人民群众血肉相连水乳交融的党，有了这样一个决心"继续全面推进从严治党，毫不动摇转变作风""有腐必惩，有贪必肃"的党，这是让人心凝聚，让人民树立信心的坚定基础。

"开弓没有回头箭，改革关头勇者胜"。中国人民对未来的信心，既来自于"时和势总体有利，但艰和险在增多"的冷静判断，尤其来自于习近平主席大力倡导的敬终如始、善做善成的精神。正是由于有了这种精神，我们能够坚定决心，知难而进，迎难而上，啃下更多的硬骨头，破解更多的难题，完成更加艰巨的任务。正是由于有这种精神，我们将发现一个问题解决一个问题，一项一项改革方案扎实推进，一条一条改革措施认真落实，坚忍不拔，一鼓作气，不断赢取新的胜利。

"集思广益用好机遇，众志成城应对挑战，立行立改破解难题，奋发有为进行创新"，习近平主席的新春寄语，在为人民"点赞"，在为全党和全国各族人民鼓劲，更是对全党全国各族人民发出新的号召。迎接着新一年的钟声，我们充满憧憬，满怀信心地坚信，只要团结一心，坚定前行，新的一年必将取得更丰硕的成果，国家的建设和人民的生活必将更加美好。

2015 年 1 月 2 日

奏响"四个全面"的两会主旋律

连日来,"四个全面"引起全党全社会的强烈关注,成为门户网站、客户端的头条议题,外电外媒纷纷聚焦解读。这些不同寻常的关注从一个侧面表明,习近平总书记提出的"四个全面"战略布局,将成为党和国家事业发展的主导思想,凝聚形成全党全社会的最广泛共识。

人们寻找"四个全面"战略布局的原点,发现第一次完整的提出是在江苏调研时,习近平总书记强调要协调推进全面建成小康社会、全面深化改革、全面推进依法治国、全面从严治党,推动改革开放和社会主义现代化建设迈上新台阶。然而,这一战略布局的落子,从党的十八大就已经开始科学统筹谋划。这两年多的时间里,以习近平同志为总书记的党中央,以党的十八大把全面建成小康社会写入奋斗目标为起点,在党的十八届三中全会部署全面深化改革,在党的十八届四中全会部署全面依法治国,在全党群众路线教育实践活动总结大会上部署全面从严治党。至此,一个伟大的战略布局已经清晰地呈现在亿万人民面前,深刻表明以习近平同志为总书记的党中央高瞻远瞩、运筹帷幄的智慧和能力。

今天的中国站上了历史的新起点。中国特色社会主义如何发展?具有许多新的历史特点的伟大斗争如何开展?令亿万人民憧憬的中国梦如何一步一步铺就现实的宏伟画卷?"四个全面"正是着眼这样的重大理论和实践问题,为顺利推进党和国家事业发展提供了科学答案。

全面建成小康社会，习近平总书记将其确定为"实现中华民族伟大复兴中国梦的关键一步"。全面深化改革、全面依法治国，习近平总书记将二者喻为"鸟之两翼、车之双轮"，以"推动全面建成小康社会的目标如期实现"。全面从严治党，习近平总书记着眼的是把握"三大规律"，为的是锻造坚强领导核心，为伟大事业提供坚强政治保证。发展、改革、法治、治党，"四个全面"如治国理政的四维，为我们第一次科学、系统、明确地指出了让这个13亿人口大国走向民族伟大复兴的方向和路径，为当代中国发展进步提供了根本遵循。

这两年来的时间里，习近平总书记国内考察、国外访问，精心谋划的正是"四个全面"战略布局，研究思考的正是"四个全面"的战略思想。"四个全面"之中，一个战略目标，标定了中国到2020年的方位和目标。三个战略举措，为这个战略目标确立了改革、法治这两大原动力，确立了从严治党这个根本政治保证。因而，"四个全面"既不是简单的并列关系，也不是简单的施政之策，而是一整套治国方略，有着博大精深的思想体系。"四个全面"相辅相成、相互贯通，每一个全面都有其重大战略意义，都有其重大思想理论构架，又共同构成治国理政的顶层设计。"四个全面"的协调推进，指向的正是中国梦的实现，正是亿万人民的更多福祉。"四个全面"之所以赢得人民的关注和热议，就在于它立足中国发展实际，切中人民的脉搏，抓住了中国社会的主要矛盾和问题，令人信服地回答了当代中国发展的一系列重大理论和实践问题，催人奋进地提供了推进伟大事业的正确路径。

行进的中国即将进入一年一度的"两会时间"，全国两会，是观察中国民主政治的窗口，更是商议国是、勠力前行的重要平台。在这个平台上，国家的大政方针将得到充分沟通交流，得以形成广泛共识，凝聚前进的动力与合力。在全国两会上，我们能够谛听到民族前行的足音，望得见中国的未来。可以想见，"四个全面"必将成为两会的最大热点议题。奏响"四个全面"的主旋律，今年两会就有了灵魂和方向，亿万人民就有了凝心聚力的思想武器。

两会代表委员，是为亿万人民履职尽责而来，是为国家和民族的发展而来。人们期望两会代表委员们不负党和人民重托，建好言，议好政，最广泛凝聚"四个全面"共识，最大限度激发推进"四个全面"的力量，确保当代中国这艘航船行稳致远。

2015 年 3 月 2 日

以理论自觉引导伟大实践

去年12月，习近平总书记在江苏调研时，提出"全面建成小康社会、全面深化改革、全面推进依法治国、全面从严治党"的发展战略。这"四个全面"，体现出一个宗旨：国家的结构转型、中国的全面现代化、中华民族的伟大复兴。同时，也展示了四个指向：作为现代中国的物质基础、国家的发展态势、国家的运作机制、国家稳定的政治保障。一个宗旨，是为四个战略布局标定的共同核心；四个指向，凸显一个宗旨蕴含的丰富内涵。

习总书记对"四个全面"的阐释，正当中国现代化转型的关键时刻，正切合国家发展的宏大理论需要。其适时地提出与有效地推进，关乎中国是否能够挺进深水区改革，掌握国家发展良机，推进国家持续发展，实现中华民族伟大复兴。毋庸讳言，中国的改革在取得令世人瞩目的成就之时，如何突破改革的瓶颈、度过改革的困难期、超越既定改革模式、升华改革境界，已经成为全国人民和举世关注的大问题。

中国的改革，长期处在"杀出一条血路来"的摸索状态。在这样的摸索中，中国共产党领导全国人民探索出了一条"中国特色社会主义道路"。这是马克思主义发展史上的一次突破，是中国共产党在理论与实践的相互呼应上对现代社会主义实践作出的巨大贡献。它充分证明了，只要实践需要理论，理论就会适时浮现。而今，中国的进一步发展，不仅仍然需要实践摸索的巨大勇气，也需要理论上的进一步突破。这是因为，中国的现代化实践，无论在规模上、还是在结构上，无论在问题浮现上、还是在改革难度上，无论在实践推进上、还是在理论筹谋上，在世界现代化史上都是空前的。因此，如何在摸索性改革取得了经济发展的惊人成就之后，为中国成为全局意义上的现代化国家而谋划，就成为中国共产党必须继续在实践和理论上顽强探索、努力求进的头等大事。

伟大的实践催生宏大的理论，理论的自觉引导伟大的实践。既然中国的发展、国家的现代化与中华民族的复兴早已成为举世公认的、21世纪的重大历史事件，在世界历史的"中国时刻"隐然浮现之际，焉能不以宏大的理论建构来深沉回应这一世界历史的深刻变迁，焉能不以理论的自觉来引导这一宏伟的历史实践，焉能不以全面的理论筹谋来创造性引导国家的发展？习总书记提出的"四个全面"战略，正是对中国现代化未来发展所需要的理论指引做出的及时反应，正是对摸索性改革升华为自觉性建构的结构转变做出的准确把脉，正是对中国从经济领先、诸领域跟进型改革的发展道路的超越。这是一种理论上的深刻自觉，是首次全面筹划中国现代转变的理论尝试。

中国的发展，已经处在一个从功能性改革到结构性转变的关口，处在从经济领域的现代化突进到总体现代化的关键时刻，处在从富强走向文明并有贡献于现代人类社会的转捩点上，以全面建成小康社会，夯实共富中国的物质基础，成为中国谋划持续发展大业的理论出发点。民富国强，正是小康社会之于现代国家所具有的基础性价值的鲜明体现。以全面深化改革，夯实制度中国的体制基础，成为中国走出一条统合改革举措，创新体制绩效道路的理论支撑点。全面深化改革足以弥合国家诸体制之间的缝隙，促成长期有效的国家发展机制。以全面推进依法治国，夯实国家治理中的法律权威，凸显整个国家克己自守、奉公守法的局面，这是中国实现制度化稳健发展的理论突破点。以全面从严治党，夯实中国持续发展的政治根基，成为中国突破既定国家结构的理论创新点。从严治党，不是一时一地、一事一议的事情，而是既关系到政党命运、也关系到国家未来的重大事务。

"四个全面"战略的提出，有一个从分散触及到完整表述的发展过程。分散的触及，源自改革实践的零星需求；完整的表述，出自改革顶层设计的理论自觉。正是这样的理论自觉，必将有效引导中国发展、人类进步的伟大实践。

2015 年 3 月 3 日

把"四个全面"的两会共识化为实干行动

春风骀荡,春光明媚。今天,十二届全国人大三次会议完成了各项预定议程,胜利闭幕了。此前的 13 日,全国政协十二届三次会议已经胜利拉上帷幕。至此,我国政治生活中的一件大事,2015 年度的全国两会画上圆满句号。

两会是什么?是代表委员参政议政、共商国是的政治平台,是沟通协商、凝聚共识的重要平台。今年全国两会上,5000 多位代表委员,带着亿万人民的重托,围绕国计民生的一系列重大问题进行了充分热烈讨论,畅所欲言,建言献策,形成了"四个全面"的两会高度共识。

从强调"立下愚公志、打好攻坚战,让老区人民同全国人民共享全面建成小康社会成果",到指出"自然生态要山清水秀,政治生态也要山清水秀""下大气力拔'烂树'、治'病树'、正'歪树'",习近平总书记参加有关代表团审议,就创新驱动、产业升级、民生改善、依法治国、从严治党等社会各界高度关注的热点话题发表了重要讲话,"四个全面"是讲话的精神主旨。

两会上,"大道至简,有权不可任性""空气质量不能只靠借东风,事在人为""要正确认识、主动适应、积极引领新常态""发展的劲应该使在哪?根本上还是要靠创新驱动""简政放权必须要打通'最后一公里',最简单的才是真理""港澳面临一些问题和挑战,归根到底要靠发展、靠法治、靠同舟共济来解决""建设法治文化""出问题的干部普遍家风不正、家教不严""要抓早抓小，触犯了法律就要及时处理，决不能放任自流，造成干部要么是'好干部'，要么是'阶下囚'"等等，一系列话题成为会内会外热点乃至焦点话题，"四个全面"战略布局是贯穿两会的主线，是两会的主旋律和最强音。

"四个全面"战略布局，着眼党和国家事业发展所处的历史方位和面临的矛盾问题，回答了发展、改革、法治、治党这些治国理政的最基本命题，更赋予这些基本命题以科学而深刻的内涵，划定了当代中国发展的总纲，确立了发展中国特色社会主义的目标与路径，是引领中华民族走向伟大复兴的根本指针，是推动当代中国发展进步的根本遵循。沿着"四个全面"战略布局指引的方向和路径，未来必定属于我们，幸福必定更多实现。

"四个全面"战略布局，是以习近平同志为总书记的党中央提出的明确主张，通过两会形成了高度共识，成为了人民的意志。这是两会凝结的最重要成果。现在，全国两会已经完成了使命。对于来自全国各地、社会各界的代表委员来说，最重要的就是把两会上的精神带回去。对于各级干部和广大人民群众来说，关键就是要把"四个全面"的两会共识化为实干的行动。

"空谈误国，实干兴邦"。把思想和认识统一到"四个全面"上来，把心思和精力用到协调推进"四个全面"上去，我们就能在2015这个关键年份向人民交上一份合格答卷，亿万人民也会积极投身协调推进"四个全面"的实践，激发无穷力量，焕发无比干劲。

2015 年 3 月 15 日

谋划"十三五" 绘就新天地

5月25—27日，习近平总书记在浙江调研。27日，总书记在浙江召开华东7省市党委主要负责同志座谈会，听取对"十三五"时期经济社会发展的意见和建议时强调："十三五"时期是我国经济社会发展非常重要的时期，各级党委和政府要明大势、看大局，深刻把握国际国内发展基本走势，把我们所处的国内外发展环境和条件分析透，把我们前进的方向和目标理清楚，把我们面临的机遇和挑战搞明白，坚持立足优势、趋利避害、积极作为，系统谋划好"十三五"时期经济社会发展。

"谋定而后动，知止而有得"。在"十二五"规划收官盘点和"十三五"规划谋篇布局之际，总书记"时和势总体于我有利，我国发展的重要战略机遇期仍然存在"的战略判断，为国家发展指明了方向。

习总书记此次浙江调研有着明确的主题，这就是如何通过变革打通道路，释放经济发展潜力。循着总书记此次浙江调研的足迹，大致能够看出中央对"十三五"规划的基本思路。从船舶修造中心到海康威视公司，人们看到了中央下大力气转变经济发展方式，推进创新驱动战略的勇气；在定海的小镇、钱江的社区，人们看到的是中央保障和改善民生，促进城乡协调发展的决心。而这一系列实地调研，深度切合着习总书记强调的具体要求："'十三五'时期，经济社会发展要努力在保持经济增长、转变经济发展方式、调整优化产业结构、推动创新驱动发展、加快农业现代化步伐、改革体制机制、推动协调发展、加强生态文明建设、保障和改善民生、推进扶贫开发等方面取得明显突破。"

把我们面临的机遇和挑战搞明白，把最好的应对之策找出来。回顾过去 12 个"五年规划"，可以清楚看到党和政府从人民利益出发，从高处着眼，从细处着手的传统。在我国经济发展进入新常态的时代背景下，如何规划好新时期经济社会发展的新蓝图，我们确实刚刚起步。但古人说，"有真心，就有奇策"，只要时刻保持干事业重谋划、绘蓝图看长远的优秀传统，"十三五"规划的绘就不仅会青出于蓝，更将在未来的实践中迸发出新的火花。

2015 年 5 月 29 日

让国企改革成为制度自信新注脚

　　"国有企业是推进现代化、保障人民共同利益的重要力量，要坚持国有企业在国家发展中的重要地位不动摇，坚持把国有企业搞好、把国有企业做大做强做优不动摇。"7月17日，习近平总书记在吉林调研时发表的重要讲话，不仅让广大国企员工倍感振奋，也让全社会看到了中央推进新一轮国企改革、进一步搞好实体经济的坚定决心。

　　国有企业是国民经济发展的中坚力量。对搞好国有企业，我们应充满制度自信。几十年来，国企之所以能够与新中国荣辱与共，担当尽责，发挥巨大作用，正是因为国企具有独特的制度优势。从第一台国产轿车、国产远洋巨轮到第一艘神舟飞船、第一台高铁机车，国企始终走在国家建设最需要的地方。近些年来，随着"走出去"战略的推进，国企也越来越成为中国在海外亮丽的国家名片。2014年，在世界500强企业里，中国国企已经占了92家。无论是亚非拉的油田矿山，还是欧美发达国家的基建项目，人们都能看到中国国企的身影。可以说，国有企业不仅一直堪称经济命脉的中流砥柱，更成为中国"制度自信"最鲜活的注脚。

　　发挥国企制度优势，关键是发展实体经济，把实体经济抓上去。当下，无论是德国的"工业4.0"，还是美国的"再工业化"，都反映出国际社会经历经济危机后形成的一个趋势，那就是经济再发达，也不能忘了实体经济这个根本。如果一味在资本市场冒险逐利，将国计民生寄托于玩弄"金融游戏"，国民经济终将因贪婪短视而遭受打击。在这个意义上说，发展好实体经济，尤其是实体经济中的中流砥柱——国有企业，就是为中国经济发展固本强基、计利长远。这一点应十分坚定清醒。

国企的根本出路在于深化改革，而深化改革要沿着符合国情的道路去改。总书记强调，要遵循市场经济规律，也要避免市场的盲目性，推动国有企业不断提高效益和效率，提高竞争力和抗风险能力，完善企业治理结构，在激烈的市场竞争中游刃有余。这一重要论点为新一轮国企改革提供了明确指导。要想让东北老工业基地振兴和发展，要想让尽可能多的国企"芝麻开花节节高"，就要敢打市场牌、敢打改革牌、敢打创新牌，让国有企业的创新动力、创新活力、创新实力竞相迸发出来。还要推进国有企业改革，要有利于国有资本保值增值，有利于提高国有经济竞争力，有利于放大国有资本功能，这些改革的目标和价值导向应一以贯之地坚持。

"国企在新一轮改革成功后，必将成为中国经济的更强柱石。"正如一位国外观察者所言，呼之欲出的新一轮国企改革无疑将给国企带来重大利好。作为中国经济脊梁的国有企业挺得更直、站得更稳，必将为中国"制度自信"持续增光添彩。

2015 年 7 月 20 日

"三个有利于"确立国企改革价值标准

"推进国有企业改革，要有利于国有资本保值增值，有利于提高国有经济竞争力，有利于放大国有资本功能。"在吉林调研时，习近平总书记就国企改革提出的这一重要论断，第一次为国企改革确立了价值判断标准，具有鲜明的改革指向性和现实针对性。

围绕国企改革，不同观点交锋甚多。在具体改革路径和方法选择上，可谓见仁见智。在改革实践中，结合具体实际，亦可以有不同的选择和探索。然而，国企改革有一些基本的价值不能丢，丢了就可能与改革的初衷背道而驰。因而，在国企改革进程中，非常有必要确立一些基本的价值取向。

应当清醒看到，一些人眼里的所谓国企改革，尽管很时髦，但其实质就是私有化，消解国企的地位，否定国企的作用。必须认识到，国有企业是我国经济基础中"以公有制为主体"的重要体现，国企改革不管怎么改，其核心都应当是解决公有制与市场经济相融合的问题，而不是危害到公有制的主体地位。这就是为什么习近平总书记在中央深改组第四次会议时强调："国有企业特别是中央管理企业，在关系国家安全和国民经济命脉的主要行业和关键领域占据支配地位，是国民经济的重要支柱，在我们党执政和我国社会主义国家政权的经济基础中也是起支柱作用的，必须搞好。"此次在吉林考察时又强调"两个不动摇"："坚持国有企业在国家发展中的重要地位不动摇，坚持把国有企业搞好、把国有企业做大做强做优不动摇。"显然，这是推进国企改革必须把握的基本方向。

把握了国企改革的基本方向，并不意味着就可以高枕无忧了。国企改革的推进过程中，如果没有参照系，就容易迷失了方向，甚至走上歪路邪路。如果没有判断标准，就容易陷入无谓争论，难以及时纠正解决。"三个有利于"正是这样的参照系和判断标准，使改革者既有方向可依，又有路径可循，同时还能在发现问题后及时对照解决问题。深刻把握了"三个有利于"的判断标准，国企改革就不会出大问题，反而更有灵活性和自主性。毕竟，每一家国企实际情况不同，改革不可能一刀切、一个模子往上套。既充分允许结合各自具体实际进行探索创新，又在大方向、大原则上不失准寸，这正是改革的科学性所在。

"三个有利于"还是人民群众直观判断国企改革的衡量标尺。对于老百姓来说，国企改革的具体操作可能是复杂的、专业的，但结果应是清晰明了的，是完全可以通过直观感受来判断的。用"三个有利于"这把尺子来衡量国企改革，发现做到了"三个有利于"，就支持拥护。如果发现没有实现国有资本保值增值，削弱了国有经济竞争力，压抑了国有资本功能，这样的国企改革就是大可怀疑的，就要坚决反对并及时予以纠正。人民群众有了这把尺子，在国企改革中就不会沦为观众，而拥有最具分量的发言权。

党的十八届三中全会明确指出，"国有企业属于全民所有，是推进国家现代化、保障人民共同利益的重要力量"。牢牢把握"三个有利于"的改革价值标准，把国有企业做强做优做大，不断增强国有经济活力、控制力、影响力、抗风险能力，以更好地造福人民，这正是全国人民的共同愿望。

2015 年 7 月 22 日

坚定改革信心　保持定力和韧劲

"增强改革定力、保持改革韧劲，加强思想引导，注重研究改革遇到的新情况新问题，锲而不舍、坚韧不拔，提高改革精确发力和精准落地能力，扎扎实实把改革举措落到实处。"中共中央总书记习近平在中央全面深化改革领导小组第十五次会议上发表的重要讲话，紧紧围绕实际，切合当前形势，是在关键时刻提出的关键要求，意义重大。

自党的十八届三中全会吹响全面深化改革的号角之后，各方面改革蹄疾步稳，持续向纵深推进。近一年多来，从中央到地方，从城市到农村，从政府不断地简政放权到益民政策的次第铺开，改革之广度、力度、深度前所未有，呈现良好态势。然而，越是在改革形势总体向好之时，人们越需要清醒地意识到，深化改革必将触及中国政治、经济、社会、军事、外交多个领域的种种深层次问题，必将涉及中国这一庞大经济体肌体造血功能重构、运行更加健康的根本问题，困难之大，阻力之多，不适应改革乃至反对改革的力量之顽固凶猛复杂诡异，可能超出人们的想象。正因为如此，当前特别需要强调增强改革定力、保持改革韧劲。

"改革只有进行时，没有完成时"。增强改革定力、保持改革韧劲源自于习近平总书记对中国发展历史规律的战略判断和清晰把握。改革开放是决定当代中国命运的关键一招，改革开放永无止境。对于深化改革的大计，志不求易而志在必得，事不畏难而敬终如始。在改革的路上，无论出现什么新情况、新问题，无论遇到什么样的困难和阻力，"我自岿然不动"，始终保持并不断增强改革定力，始终保持改革韧劲，聚焦关键发力、持之以恒用力，这充分体现出改革者、领导者总揽全局把握方向的政治勇气和政治智慧。

增强改革定力、保持改革韧劲，是人民的希望与要求。全面深化改革是政治、经济、文化、社会和生态"五位一体"总体布局下的全景式改革。改革的出发点和改革的目的，都事关人民群众的切身利益，都是为了亿万人民的长远幸福。实践证明，以习近平同志为总书记的党中央谋划制定的一系列改革举措，贴近百姓，立足于民；想民所想，深得民心。与此同时，当人民群众深知"改革开放是我们党在新的时代条件下带领人民进行的新的伟大革命"这一历史使命时，当人民群众意识到改革的每一个成果都来之不易，每一步前进都步步惊心时，他们迫切希望执政党能够增强改革定力、保持改革韧劲，带领全国各族人民铆足干劲决不懈怠，坚定信心攻坚克难，去赢取更美好的未来。

"要引导大家争当改革促进派，着力强化敢于担当、攻坚克难的用人导向"，这是增强改革定力、保持改革韧劲的前提条件和必然要求。谋事在人，面对改革遇到的新情况新问题，能不能做到锲而不舍、坚韧不拔？如何直面困难和矛盾，最大限度地提出符合实际、符合改革要求的改革方案，提高改革精确发力和精准落地能力，扎扎实实把改革举措落到实处？这是现阶段对各级党员干部提出的新要求。毫无疑问，"把那些想改革、谋改革、善改革的干部用起来，激励干部勇挑重担"，才能够有定力、有韧劲，把全面深化改革这篇大文章做好。

"咬定青山不放松"，改革事业从来就不是容易的事，东南西北风的侵袭搅扰，动摇不了改革者的坚强意志。局势纷杂，方显定力，遇挫愈强，愈见韧劲，这将成为这一代改革者的宝贵品质。

2015 年 8 月 19 日

鼓励基层探索是全面深化改革的生命线

"中央通过的改革方案落地生根，必须鼓励和允许不同地方进行差别化探索""把鼓励基层改革创新、大胆探索作为抓改革落地的重要方法"。在中央深改组第十七次会议上，习近平总书记强调了推进改革落实的认识论和方法论，具有极强的现实针对性。

基层探索向来是改革的生命之源。从小岗村的大包干，到深圳蛇口的改革实验场，许多深刻影响中国历史进程的改革创新之举，都是从基层探索实践出来，再推向全国的。今天的新一轮改革，有顶层设计，但仍然需要"摸着石头过河"，二者辩证统一构成理论与实践的完整"回路"。原因正在于，基层是改革顶层设计的落地生根之所在，再好的改革方案也要与基层对接，落实中的诸多具体问题最终要靠基层解决。在相当意义上说，通过基层探索找到了改革落地的方法，改革就能真正落地生根、造福群众。习近平总书记强调鼓励基层改革创新大胆探索，用意正在于"把改革落准落细落实，使改革更加精准地对接发展所需、基层所盼、民心所向"。

不能不看到，改革顶层设计作出之后，在一些地方还悬在半空中，在一些部门还受利益藩篱所阻。有些领导干部只挂帅不出征，光打雷不下雨，不作为、不担当。破解这些"问题困局"，关键就在于坚持问题导向，用好基层探索这个法宝。这正是习近平总书记强调把基层探索作为抓改革落地重要方法的原因所在，目标就是"着力解决好改革方案同实际相结合的问题、利益调整中的阻力问题、推动改革落实的责任担当问题"。

改革的顶层设计往往具有全局、宏观、原则等特点，而基层实际则千差万别。那些利益的藩篱如何突破？明里暗里的各种阻力如何化解？基层有的是办法，人民群众有着无穷的创造力。关键就在于放手让基层去探索，找到解决各种具体问题的"金钥匙"，再及时总结经验予以推广。诚如习近平总书记所指出的："把基层改革创新中发现的问题、解决的方法、蕴含的规律及时形成理性认识，推动面上的制度创新"。

当然，有实验就可能会失败，有探索就可能遭遇挫折。鼓励基层探索，不能"乱扣帽子"，一看具体做法不一样，就认为是执行走样；不能"叶公好龙"，表面上鼓励创新，内心里害怕探索打破了既得利益格局；不能处处设限，让基层束手束脚，这也不能做，那也不能干，甚至等着基层犯错抓辫子。要从根本上杜绝这些问题，就要按照习近平总书记要求的，"完善考核评价和激励机制，既鼓励创新、表扬先进，也允许试错、宽容失败，营造想改革、谋改革、善改革的浓郁氛围"。如此，基层探索方能如雨后春笋，最终让每一项改革都能找到扎根所在地的最佳途径，勃发出改革的旺盛活力。

2015 年 10 月 14 日

发展前进一步就需要改革前进一步

11月9日，习近平总书记主持召开中央深改组第十八次会议。会议深刻揭示了改革与发展的关系，突出强调改革要围绕贯彻落实党的十八届五中全会精神，为经济社会发展形成更有力的制度保障。"《建议》以我国经济社会发展为主轴，同时也是一个通篇贯穿改革精神的文件，包含着大量改革部署，是改革和发展的'双重奏'"等表述能够使人强烈感受到：这是对全面深化改革的再次鼓劲，更为贯彻落实五中全会精神指明关键路径。

正如习总书记所指出的："我国发展走到今天，发展和改革高度融合，发展前进一步就需要改革前进一步，改革不断前进也能为发展提供强劲动力。"决胜全面小康，就在这五年。"十三五"规划是全面建成小康社会的行动纲领，要让创新、协调、绿色、开放、共享五大发展理念真正成为撬动中国发展全局的一场深刻变革，关键就是要以改革开路、以改革引路、以改革筑路，靠改革的精气神带动五大理念的落地生根。习近平总书记强调"改革的突破性和先导性作用"，意义正在于此。

党的十八届三中全会部署全面深化改革、党的十八届五中全会部署决胜全面小康，从根本上说，就是要着力推进国家治理体系和治理能力现代化，着力推进各方面制度更加成熟更加定型，使当代中国成功跨越"中等收入陷阱"，获得向更深更远更广空间拓展的动能与潜能，为实现中国梦打下更为坚实的基础。正因如此，"改革的突破性和先导性作用"还在于，通过体制机制创新，解决发展中的深层次问题。

正如这次会议所强调的，改革要加快推进有利于引领经济发展新常态、有利于五大发展等四个方面的体制机制创新，在解决发展动力、发展不平衡、人与自然和谐、发展内外联动、社会公平正义等方面出实招、破难题、建机制。改革只有抓住这样的着力点和突破口，才能不断为发展打通关隘、清扫障碍、架设桥梁，为发展增续强劲动能。

2015 年 11 月 10 日

改革强军才能决胜未来

"深化国防和军队改革是实现中国梦、强军梦的时代要求，是强军兴军的必由之路，也是决定军队未来的关键一招。"在近日召开的中央军委改革工作会议上，习近平总书记发出振聋发聩的铿锵声音，作出决胜未来的战略部署，动员全军和各方面力量，全面实施改革强军战略，坚定不移走中国特色强军之路。

这将是一个彪炳史册的伟大壮举，也是一个值得我们铭记的历史时刻。多少年后，当我们回首往事，必将更加真切地感受到，光荣与梦想之所以美丽绽放，原来在这一刻就已经布局落子。可以说，全面实施改革强军战略，是开启新军事变革、走向强军兴军的"集结号"，是实现中国梦、强军梦的重要点火器，更是决定国家前途命运的关键一步。

古人云："天下大势之所趋，非人力之所能移也。"因势而谋，应势而动，顺势而为，才是制变制胜之道。当今世界正处于一个前所未有的大变局中，新军事革命正在深入发展变化。其速度之快、范围之广、程度之深、影响之大，为第二次世界大战结束以来所罕见。正如习近平总书记在中央政治局第十七次集体学习时所强调的："这场世界新军事革命是全方位、深层次的，覆盖了战争和军队建设全部领域，直接影响着国家的军事实力和综合国力，关乎战略主动权"，全面实施改革强军战略正是适应大变局、顺应大趋势、因应世界新军事革命严峻挑战和难得机遇的战略抉择，也是全党全军全国人民的瞩望与期待所在。

"百舸争流，奋楫者先。"人民军队发展史，就是一部改革创新史。在党的领导下，我军之所以从小到大、从弱到强、从胜利走向胜利，之所以始终充满蓬勃朝气，一个至关重要的方面就是靠不断改革创新。现在，我国进入由大向强发展的关键阶段，国防和军队建设处在新的历史起点上。要实现党在新形势下的强军目标，建设同我国国际地位相称、同国家安全和发展利益相适应的巩固国防和强大军队，履行好军队使命任务，为实现中国梦提供坚强力量保证，关键还是要靠改革创新。

什么样的改革才能强军兴军？习近平总书记指明了"一个牛鼻子""六个着眼于"，是深化国防和军队改革的重要方法论。强调抓住党在新形势下的强军目标这个"牛鼻子"，目的就是要用强军目标审视、引领、推进改革，把握改革的正确方向。强调"六个着眼于"，目的就是要把握改革的重心、抓住改革的着力点和突破口，在政治建军、依法治军、打造精锐作战力量、抢占未来军事竞争战略制高点、用好军事人才、贯彻军民融合发展战略等方面取得重大突破、实现改革目标。把握了改革的方法和路径，焕发使命担当，抓铁有痕推进，就定能打赢改革这场攻坚仗。

深化国防和军队改革是一场整体性、革命性变革。这场变革的前提和基础就是要首先开启思想观念的变革。诚如习近平总书记在中央政治局第十七次集体学习时所指出的，"改变机械化战争的思维定势，树立信息化战争的思想观念；改变维护传统安全的思维定势，树立维护国家综合安全和战略利益拓展的思想观念；改变单一军种作战的思维定势，树立诸军兵种一体化联合作战的思想观念；改变固守部门利益的思维定势，树立全军一盘棋、全国一盘棋的思想观念"，在推进改革强军的全过程、诸领域都开启这样的观念变革，在全军乃至全国上下就能强化政治意识、大局观念，形成拥护、支持、参与改革的深厚氛围，助力改革轻舟越过万重山。

2015 年 11 月 27 日

以"四个牢牢坚持"把握正确政治方向

"必须把政治方向摆在第一位，牢牢坚持党性原则，牢牢坚持马克思主义新闻观，牢牢坚持正确舆论导向，牢牢坚持正面宣传为主"。这是习近平总书记在党的新闻舆论工作座谈会上着重强调的"四个牢牢坚持"。

做新闻舆论工作，为什么要强调正确政治方向？这个道理很多人虽然嘴上讲，但未必真明白。有的人认为，时政新闻讲政治方向就行，其他类新闻尺度可以放宽。事实上，从来就没有不讲政治的媒体。党管宣传、党管意识形态、党管媒体，是旗帜鲜明、理直气壮的，共产党人是从来不隐瞒自己的观点和意图的。要担负起新闻舆论工作的职责和使命，就必须把坚持正确政治方向放在首位。

坚持正确政治方向，党性原则是第一位的。正如习近平总书记所说，"坚持党性原则，最根本的是坚持党对新闻舆论工作的领导""党和政府主办的媒体是党和政府的宣传阵地，必须姓党"。这一点，决不能含糊。各级各类媒体，都要在党的领导之下，都要坚持党管媒体原则。把党性原则坚持好，新闻舆论才能更好地把党的主张和人民心声统一起来，为实现中国梦凝心聚力。

关于坚持正确舆论导向，习近平总书记作出了新的阐释，强调"新闻舆论工作各个方面、各个环节都要坚持正确舆论导向"，指出："各级党报党刊、电台电视台要讲导向，都市类报刊、新媒体也要讲导向；新闻报道要讲导向，副刊、专题节目、广告宣传也要讲导向；

时政新闻要讲导向，娱乐类、社会类新闻也要讲导向；国内新闻报道要讲导向，国际新闻报道也要讲导向。"这就把导向要求贯穿到了新闻舆论工作的方方面面，是具有很强针对性的有力指导。

按照"四个牢牢坚持"的要求，党性原则是做好新闻舆论工作的根本原则，马克思主义新闻观是灵魂，正确舆论导向是生命，正面宣传为主是基本方针。四个方面缺一不可，构成新闻舆论工作贯彻政治性要求的工作理念和行为准则。对于新闻舆论工作者来说，坚持正确政治方向，做到"四个牢牢坚持"，关键就是提高政治敏锐性和鉴别力，诚如习近平总书记所言："新闻舆论工作者要增强政治家办报意识，在围绕中心、服务大局中找准坐标定位，牢记社会责任，不断解决好'为了谁、依靠谁、我是谁'这个根本问题。"

2016 年 2 月 23 日

以钉钉子精神抓好改革落实

"以钉钉子精神抓好改革落实，扭住关键、精准发力，敢于啃硬骨头，盯着抓、反复抓，直到抓出成效。"2月23日下午，习近平总书记在中央全面深化改革领导小组第二十一次会议发表的重要讲话中强调，各地区各部门要牢固树立全局意识、责任意识，把抓改革作为一项重大政治责任，坚定改革决心和信心，增强推进改革的思想自觉和行动自觉，既当改革促进派、又当改革实干家。这番话言简意赅，指出了抓改革必抓落实这一关键点，对于当前和今后一个时期全面深化改革总体部署的推进具有重大意义。

党的十八届三中全会以来，改革举措出台的数量之多、力度之大前所未有。当着"四个全面"战略布局推进、新发展理念落实之际，随着"十三五"规划的开局、经济发展新常态需要展现"好状态"之时，更多更重要的改革举措将继续推出。改革的任务之重、压力之大前所未有，而要让各项改革举措取得预定成效，必须拿出钉钉子的精神狠抓落实。

以钉钉子的精神抓改革落实，是对党的事业、人民的利益高度负责的精神和态度，是一种襟怀磊落、知难而进的精神和态度。只有秉持这样的精神和态度，才能对中央部署的改革任务高度重视、亲力亲为，将中央的具体改革要求不折不扣落实下去，形成实际结果。

以钉钉子的精神抓改革落实，是对"三严三实"专题教育成果的检验。真正的改革促进派和实干家，一定会"忧懈怠则思慎始而敬终"，锲而不舍，专心致志，打通有关改革措施的"最后一公里"。实打实的改革促进派和实干家，一定会受到人民群众的信任和赞扬。反之，一些信心不足、作风疲软，敷衍塞责、拖延扯皮、屡推不动者，一些对改革工作重视不够、研究甚少、贯彻乏力者，一定要被问责，并且为"为官不为"的庸政懒政行为付出代价。

"沧海横流，方显英雄本色"。当前，全面深化改革已经进入新的阶段，进入关键时期。人们坚信，在以习近平同志为总书记的党中央领导下，上下齐心，大力提倡钉钉子精神，狠抓改革落实不动摇，最大限度地调动广大干部的积极性、主动性、创造性，进而推动全社会形成想改革、敢改革、善改革的良好风尚，改革大业必定从胜利走向新的胜利。

2016 年 2 月 25 日

靠什么走出全面振兴东北新路子

"扬长避短、扬长克短、扬长补短,向经济建设这个中心聚焦发力,打好发展组合拳,奋力走出全面振兴新路子""振兴东北地区等老工业基地是国家一项重大战略,要善于抓重点、攻难点,全面落实创新、协调、绿色、开放、共享的发展理念,用新发展理念衡量工作、指挥行动、训练干部,在贯彻新发展理念中寻找机遇、打造亮点、拓展优势",习近平总书记在黑龙江代表团参加审议时的讲话,为东北地区的经济社会发展注入了一剂"强心剂"。

众所周知,目前东北地区发展遇到新的困难和挑战,一些数据偏"冷"。正如习近平总书记去年在部分省区党委主要负责同志座谈会上强调的,这其中有全国"三期叠加"等共性方面的原因,也有东北地区产业结构、体制机制等个性方面的原因。从发展阶段看,中央实施东北地区等老工业基地振兴战略10多年取得成效,目前正处于"滚石上山、爬坡过坎的关键阶段"。"关键阶段"就要有关键的思想准备,要有化解矛盾和排除风险的决心和办法,而不是束手无策、无所作为。

现在,中央提出了五大发展理念,《关于全面振兴东北地区等老工业基地的若干意见》也已经审议通过。对于东北地区来说,关键就是结合本地实际,发挥自身优势,抓重点以立主导,攻难点以破障碍。同时更要善于在贯彻新发展理念中寻找机遇、打造亮点、拓展优势。等靠要不行,推一推动一动也不行。关键是要保持战略定力,增强发展自信，坚持变中求新、变中求进、变中突破，使东北老工业基地的发展活力、内生动力和整体竞争力得到提升。

对抓好新一轮东北老工业基地振兴，习近平总书记去年就已经提出了着力完善体制机制、着力推进结构调整、着力鼓励创新创业、着力保障和改善民生的要求。现在的关键就是抓好落实。比如，坚决破除体制机制障碍，形成一个同市场完全对接、充满内在活力的体制机制，这是推动东北老工业基地振兴的治本之策，必以壮士断腕、"革自己的命"的勇毅，方能释放活力、激发动力。再比如，保障和改善民生必须树立"抓民生也是抓发展"意识，让人民群众有获得感，居家服务、养老服务、健康服务、文体服务、休闲服务等方面的社会需求也会不断激发出来。还比如，东北地区工业结构比较单一，必须下大气力改变传统产品占大头、"原"字号"初"字号产品居多的单一产品结构，必须按照总书记的要求加快做好"加减乘除"这篇大文章。

在黑龙江代表团审议时，习近平总书记指出"冰天雪地也是金山银山"，这一理念的背后正是观念的转变与创新。全面振兴，正需要来一场思想观念的大解放，归根到底是要有创新这个意识，有为民服务这根弦，有全面振兴的决心和信心。

2016 年 3 月 10 日

改革既要增添动力又要彰显公正

"改革既要往有利于增添发展新动力方向前进，也要往有利于维护社会公平正义方向前进"。习近平总书记在主持召开的中央深改组第二十三次会议上提出了"两个有利于"的鲜明论断，明确推进改革必须把握的动力与公正这一重大关系及价值取向，为把全面深化改革推向纵深指明了方向和路径。

从发展中的效率与公平问题，到改革中的动力与公正问题，要把伟大事业推向前进，都必须特别注重这些基本问题，求取最大公约数，求解实践难题。历史表明，什么时候二者的关系处理得当，求得均衡，什么时候就取得进步。发展如是，改革亦如是。

我们推进改革，目的就是要解放和发展生产力，破除体制机制障碍，释放动力、活力与潜力。可以说，这是开启改革的直接动因。然而，在寻求增添动力的进程中，如果没有人民这个"定盘星"，没有人民利益这个"秤砣"，改革也容易失了准寸。在相当意义上说，改革即便再能释放动力，也不是人民所希望和所需要的改革。这就是为什么习近平总书记强调改革的"两个有利于"的原因所在。

改革如何增添发展新动力？如何维护社会公平正义？习近平总书记明确指出："注重从体制机制创新上推进供给侧结构性改革，着力解决制约经济社会发展的体制机制问题；把以人民为中心的发展思想体现在经济社会发展各个环节，做到老百姓关心什么、期盼什么，改革就要抓住什么、推进什么，通过改革给人民群众带来更多获得感。"这就进一步指明了增添动力与彰显公正的具体方法。值得指出的是，以百姓的关心期盼为推进改革的明确指向，可以说是对改革人民性在实践层面的精确制导、精准靶向。

党的十八届五中全会有关改革举措实施规划（2016—2020 年），已经明确了改革举措的改革路径、成果形式、时间进度。现在，要确保各项改革举措落地见效，关键就是要更好把握动力与公正的关系。在增添动力上，围绕经济结构的制度性问题推进改革，同时加快推进国有企业改革、财税体制改革、金融体制改革、构建开放型经济新体制等，发挥其对供给侧结构性改革的基础性作用。在彰显公正上，加快推进有关健全就业创业体制机制、深化教育体制改革、深化收入分配制度改革、建立更加公平可持续的社会保障制度、深化医药卫生体制改革等重点任务，同时认真分析归纳民生领域的热点难点问题，列出清单，拿出措施，每年办成几件实实在在的事情。这样，改革就不仅会蹄疾而步稳，更会凝心聚力。

2016 年 4 月 19 日

争当击楫中流的改革先锋

"全面深化改革，首先要刀刃向内、敢于自我革命，重点要破字当头、迎难而上，根本要激发动力、让人民群众不断有获得感""各级党委和政府以及各级领导干部要把自己摆进去想改革、议改革、抓改革，争当击楫中流的改革先锋。"习近平总书记近日在安徽调研时对加强改革创新提出了明确要求，具有很强的现实针对性，是进一步推进改革的指路灯。

改革是发展进步的根本动力，是决定当代中国命运的关键一招。回望38年来的历程，我们取得的进步靠的是改革。迈向新的征程、担起新的重任，我们仍然要靠改革。习近平总书记强调"唯改革才有出路，改革要常讲常新"，其间所深蕴的道理正在于此。然而也不能不看到，有的人把改革作为"口头禅"，却只挂帅不出征、只表态不表率。有的地方对如何推进改革讲不出新意，想不出新招，让改革事实上还处在观望与停顿的状态。

我们说改革是一场新的革命，首先就生发于我们的灵魂深处。没有那么一种触动思想、触及灵魂甚至危及生命也在所不惜的精神力量，改革就很难有开路架桥、势如破竹的效力。习近平总书记在小岗村18户农民发起大包干签字的"当年农家"院落时感慨：当年贴着身家性命干的事，变成中国改革的一声春雷，成为中国改革的标志。这改革的春雷声，正是那么一种改革的精气神。今天我们推进深水区的改革，仍然需要这样的春雷，仍然需要我们的思想与灵魂不断有所触动，有所革新。

正如习近平总书记所指出的，新一轮改革的特点，是"啃硬骨头多、打攻坚战多、动奶酪多"。一边是利益固化藩篱，一边是风险困难和挑战，改革面临的环境条件，已不仅仅是思想观念的桎梏问题。当此之际，就不仅需要解放思想，更要有那么一种壮士断腕、自我革命的勇气。习近平总书记强调"全面深化改革，首先要刀刃向内、敢于自我革命"，就在于必须切掉自身利益的欲望与顾虑，才能呈现改革者的无欲则刚的勇毅与果决。有了这种发自内心的改革春雷声，何愁硬骨头多？"破字当头、迎难而上"，再多的硬骨头也能啃下来。何愁打攻坚战多？"激发动力、让人群众不断有获得感""让人民群众在改革中建功立业、在改革中多得实惠"，再难打的攻坚战也强不过人民的伟力。

我们能不能想改革、会不会议改革、敢不敢抓改革，关键就看有没有把自己摆进去。不能把自己摆进去，就不能感同身受、将心比心，一副和自己无关、超然物外的样子，又如何当得好改革的先锋，带领广大干部群众在深水区奋楫？只有把自己摆进去，才看得清肩负的使命与担子，才感受得到群众期待的目光，才能化为击楫中流的动力，推动改革不断向前。

2016 年 4 月 28 日

依法治国，步伐稳健坚实

科学把握依宪执政的内涵与界限

  中共十八届四中全会明确指出，坚持依法治国，首先要坚持依宪治国、依宪执政。对此，需要从国家治理体系与治理能力两个方面加以全面、准确和科学的理解。

  坚持依宪治国，解决的是中国作为一个稳定有序的现代大国，国家领导权的归属与运行方式问题。现代国家的治理，无论是就人心而言，还是就政治来看，都需要有一个公民个人、社会机构和政治组织都认同的国家基本法规。这个基本规则，就是宪法。在治国过程中，从个人到组织，都应当服从旨在维护国家秩序的现行宪法的规定。宪法解决了国家权力属于人民的权力归属问题，解决了国家机构的设置及其权限和行使方式问题，解决了依照宪法基本精神推动国家顺畅运转的基本机制。依宪治国，便体现为习近平总书记所强调的"奉法者强则国强，奉法者弱则国弱"的状态。由此彰显的法治国家基本逻辑是：依宪治国则国治，违宪治国则国乱。

  坚持依宪执政，解决的是执政权力归属和行政方式的问题。在一个现代化国家，究竟由谁掌握国家行政权力，是一个由现行宪法明确规定的事务。执政权不能随意变更。否则，执政权就会变成完全没有责任规定的任意变更和随意掌控，治国理政的过程，就是一个接一个的灾变过程。一个依照宪法执政的政党组织，就此具有了执掌国家行政权力的责任与义务。在具体行政的过程中，依照宪法是为宗旨；在处置各种公共事务中，遵守宪法是为核心；在应对日常行政程序的时候，恪守宪法是为关键。

依宪执政，要求掌控国家权力的政党组织和社会公众，都必须严格将自己的言行约束在宪法规定的范围内。一方面，树立起宪法的权威观念。像习总书记指出的那样，"宪法是国家的根本法，是治国安邦的总章程，具有最高的法律地位、法律权威、法律效力，具有根本性、全局性、稳定性、长期性。……任何组织或者个人，都不得有超越宪法和法律的特权"。

另一方面，确立恪守宪法的根本观念。像习总书记强调的那样，"维护宪法权威，就是维护党和人民共同意志的权威。捍卫宪法尊严，就是捍卫党和人民共同意志的尊严。保证宪法实施，就是保证人民根本利益的实现"。

再一方面，坚决按照宪法规定行使各项国家权力，落实宪法确定的各项国家权力，让权力的规范运行造福人民。像习总书记着重指出的那样，"我们要全面落实依法治国基本方略，坚持法律面前人人平等，加快建设社会主义法治国家，不断推进科学立法、严格执法、公正司法、全民守法进程。要深入推进依法行政，加快建设法治政府"。

与此同时，依宪执政，必须对漠视、削弱甚至破坏宪法的言行，进行有效的治理甚至惩罚，这样才会收到依宪执政的可靠效果，鼓励全国人民尊重宪法、谨守宪法、实施宪法，让国家真正运行在宪法的有序轨道上。

依宪执政，是所有现代国家趋同的政治选择。但并不等于说不同国家的依宪执政，就必然显现出面目完全一样的政体状态。西方宪政，也是一种依宪执政的状态。它的出发点也是人民主权。但它在约束国家权力的安排上，并不重视执政者、法治规则与人民意志的高度统一。而只是强调国家权力的分权制衡、轮流执政、集团分利。这样的制度，也许是适应西方国家的特殊情形建构的一种政体形式。但它并不适应所有国家的执政需要和客观情况。

中共十八届四中全会高度重视的依宪执政，也是一种规范国家权力的政体安排。但不是一种从低端考虑的、疑惧权力作为的消极性设限制度，而是一种基于反映了执政党的领导权、人民当家作主和依法治国高度统一的、鼓励国家权力为人民谋求福利的积极的制度安排。在这里，依宪执政的中国共产党，不是围绕权力起舞的私利组织，而是以其执掌国家权力的宪法地位，严格按照宪法程序治国理政的政治组织。这就保证了它一定是在宪法精神、宪法制度和宪法程序之下执掌国家权力的政党。因此，对它的消极设限，意义就降低了；而对它的积极作为，动力就增强了。

在这个意义上，依宪执政，不是西方的宪政。这是一条需要重视的制度基本差异。

2014 年 10 月 23 日

四中全会诸多"第一次"
标定法治中国新方位

多少年之后，我们回望党的十八届四中全会，必将深感它的决定高瞻远瞩。当中国行进到一个崭新的历史时段，我们更将为四中全会先行确立法治中国新方位、为中国发展注入法治新动力而倍感欣慰。

就在几个月前确立党的十八届四中全会"全面推进依法治国"的主题时，社会舆论敏锐地捕捉到，这是四中全会历史上的第一次。以往多届四中全会的主题，大多聚焦经济或党建。这一次确定依法治国，不仅体现我们党对法治的信仰和对法治建设的高度重视，更体现我们党对新时代条件下的时代问题的敏锐把握。当代中国进入社会转型期，发展步入新阶段，法治成为时代提出的重大问题和人民群众的深切呼唤。打破常规，在四中全会确立依法治国的主题，体现的正是党中央因势而谋的战略决断。

党的领导、人民当家作主和依法治国相统一，这是我们党一贯宣示的理念原则。此次四中全会则在此基础上作了进一步的阐释和深化。"党的领导是社会主义法治最根本的保证""党的领导和社会主义法治是一致的，社会主义法治必须坚持党的领导，党的领导必须依靠社会主义法治"……这是第一次以全会文件的形式阐明了党的领导和依法治国的关系，第一次明确了党在依法治国中的地位，即领导立法、保证执法、支持司法、带头守法四大职责。这种明确，就把"党的领导"在理念层面与依法治国的关系进行了清晰界定,从理念宣示层面具体到了职责担当层面。这种明确,本身就是对依法执政理念的恪守。

在新的时代条件下,我们强调全面推进依法治国,目的是什么?四中全会阐明,"总目标是建设中国特色社会主义法治体系,建设社会主义法治国家",为的就是"促进国家治理体系和治理能力现代化"。更引人关注的是,四中全会第一次明确提出依法治国是实现国家治理体系和治理能力现代化的必然要求。这不仅表明我们党对国家治理体系的深刻认知,更标志着我们党对治国理政规律的把握上升到新的高度。

事实上,此次四中全会,还有诸多"第一次"。比如,第一次提出了建设中国特色社会主义法治体系,从原来的法律体系到现在的法治体系,一字之差体现的正是认识的飞跃、理念的飞跃、实践的飞跃。第一次将守法提高到与立法、执法、司法在依法治国中同等重要的地位,深刻表明在法治这个"木桶"中,只有补齐短板才能使法治涵养更多"水源"。第一次强调党内法规要同国家法律相衔接与协调,指出"依法执政,既要求党依据宪法法律治国理政,也要求党依据党内法规管党治党",表明我们党对法治不能有"断头路"、不能有两条轨道的深刻认知,更表明我们党的法治理念是涵盖治国、治党、治军的神圣信仰。

"法律必须被信仰,否则它将形同虚设。"四中全会的诸多"第一次",是对我们党的法治信仰的全面展现,彰显我们党以法治为引领和规范的迫切实践追求,共同标定了法治中国的新方位。在法治的旗帜下全方位前进,13亿人民的伟大梦想必将更美绽放。

2014 年 10 月 24 日

以党的领导推进依法治国

全面推进依法治国，是一个由中共十八届四中全会庄严承诺的治国理政目标。

目标既定，关键在于落实；落实之要，重点在于行动；行动有效，依赖有效动力。依法治国的动力，当然包括所有国人。人民，总是社会主义法治事业发展的决定力量。但人民如何真切认知法治、认同法治、投入法治、推进法治，本身也有一个进步过程，也需要更强有力的政治组织来加以推进。正是这样的剥茧抽丝，凸显一个中国实现以法治国目标的重要命题：以党的领导推进依法治国。

党的领导是基于人民自身的愿望历史地建立的，因此，在推进以法治国的进程中，两者并不矛盾。正式提出依法治国的 17 年来，中共三任总书记江泽民、胡锦涛和习近平共同强调，党的领导、人民当家作主和依法治国是高度统一的。对此，不能从政治刚性规定上来理解这种统一，而需要从人民当家作主这个社会主义国家的本质特性，如何落实为政治实践的实际状态上，来加以了解。

人民当家作主，不是一个非政治状态下就可以实现的目标。人民当家作主，需要人民有序组织起来实行民主权利。分散的民众无从实现民主权利，因为他们无法形成自觉的政治理念，提出强有力的政治纲领，组织实现自身权利的政治行动。人民需要反映自己政治意志的领导者。中国共产党正是努力反映人民民主意志的政党组织。它对人民民主的领导权力，是其政党组织特性与人民民主结构的一致性决定的。

党的领导权是人民授予的。因此，"权为民所赋、权为民所用、心为民所系、利为民所谋"，就成为党行使领导权的基本宗旨。这种授权的有效性，端赖于中国共产党是不是真心诚意、勤勤恳恳为人民服务。人民对党的授权不是永久的，党的领导必须忠实于人民利益。只要党的领导宗旨不变，党的领导权也就不变。这个时候，党的领导权就是中国实现人民当家作主的重要条件。

正是由于人民的授权，使党的领导权的决定性作用，全面体现出来。诚如中共十八届四中全会公报指出的："我国宪法确立了中国共产党的领导地位。坚持党的领导，是社会主义法治的根本要求，是党和国家的根本所在、命脉所在，是全国各族人民的利益所系、幸福所系，是全面推进依法治国的题中应有之义。"

依法治国的目标，只有在党的领导下才能实现。这是中国确定不移的政治现实。党行使这样的领导权，不可避免会有一个选择什么样的方式领导人民实行依法治国的问题。中国共产党曾经是一个革命政党，以群众动员、战争手段和运动方式，推翻了旧政权。在成功执掌国家权力之后，逐渐凸显出一个从革命党转变为执政党的重大课题。而这次全会，是中国共产党从政治地领导国家，转变为法治地领导国家的标志。

这意味着，中国共产党行使国家的领导权，在基本方式上有了重大转变，真正成为使党的领导、人民当家作主与依法治国统一起来的现代政党。这样的转变，为党的领导推进依法治国，提供了现实理由，也指出了有效的领导方式。

党的领导权不是法外权力，执政必须依法。中国共产党各级领导干部要"带头遵守法律，带头依法办事，不得违法行使权力，更不能以言代法、以权压法、徇私枉法"。

此外，需要健全党领导依法治国的制度和工作机制。统一领导、统一部署、统筹协调依法治国进程，促使党的领导与国家各权力部门模范遵守宪法法律，促成举国上下重法、守法。依法治党、依法治国、依法理政、依法治军、依法管理社会、依法激励公众，形成一个崇尚法治的现代国家氛围。

2014 年 10 月 25 日

发挥法治对引领和规范网络行为的主导性作用

金秋十月，以依法治国为主题的中共十八届四中全会为法治中国的新华章定下了一个明朗的基调。而由中央网信办举办的"学习宣传党的十八届四中全会精神，全面推进网络空间法治化"系列座谈会，则与时俱进地将法治化作为了中国互联网今后发展的方向。

中央网信办提出，推进网络空间法治化的要义是发挥法治对引领和规范网络行为的主导性作用，重点是按照科学立法要求加强互联网领域的立法，关键是严格执法，基础是按照全民守法要求，引导网民尊法守法，做"中国好网民"。这不仅准确号到了当前互联网发展的"命脉"，更为具体推进互联网法治化提供了现实举措。

"法者，天下之程式也，万事之仪表也。"网络空间法治化的建设不仅仅在于为网络空间设规立矩，更长远的是为了引领和规范网络行为。2014 年，在中国接入互联网 20 周年之际，为保证互联网健康有序发展，中央网信办动作频频、成效显著。先是从完善立法入手，多次召开学习座谈会，与院士专家、网站负责人、网民代表等一道围绕如何更好地建章立制，维护我国网络有序发展、信息安全等议题展开学习研讨。后是与多部门联合行动重拳出击、维护法治权威，利用"打击涉恐音视频""扫黄打非·净网 2014"和"整治网络弹窗"等专项行动对网络空间涉黄、诈骗等违法犯罪行为进行严厉打击。可以说，避免互联网空间成为法外之地，消除互联网空间的灰色地带，确保互联网空间长治久安、健康发展一直都是管理部门努力的方向和社会各界关心的焦点，未曾懈息也未曾停止思考。

"自由是做法律所许可的一切事情的权利"。不能忘记的是，网络空间的自由活动是为了互联网积极健康发展，广大民众畅享其便。而非某些利欲熏心者背离法治、为所欲为的绝对自由。信息社会下，法治中国的建设更是离不开互联网空间法治化的同步推进，这一点无例外可言。

要全面推进网络空间法治化，就要统筹国内国际两个大局，统筹网上网下两种资源。我们必须按照这个思路加快网络空间立法工作，尽可能快、尽可能多地缩小乃至消弭网络空间所存在的法外之地。同时严格执法、不"走后门"、不"开天窗"。无论是网络"大V"还是普通草根，无论是知名社区还是小众论坛，只要敢于触犯法律的边界，都要受到法律的严惩。前段时间，有关部门对传谣造谣的网络"大V"的打击和对利用网络新闻敲诈勒索等违法行为的惩治就说明了互联网绝不是法外之地，互联网法治化不是纸上谈兵，而是实实在在、随时随地的监督与惩治。

"徒善不足以为政，徒法不能以自行。"网络空间的法治化，是一项立体化、网络化、多样化的建设。网络空间里的主角，归根到底还是6亿多网民。没有全体网民自觉地尊法守法，网络空间的法治化也将不可避免地寸步难行、难以落到实处。

"求木之长者，必固其根本，欲流之远者，必浚其泉源。"为数众多的中国网民正是网络空间法治化不可或缺的建设者和参与者，是互联网法治建设落地生根、保持活力的根本所在和力量源泉。按照管理部门的思路，一方面，要积极立法、严格执法，逐步建立网民和网上组织信用记录来完善守法诚信的褒奖机制和违法失信行为的惩戒机制，使尊法守法成为全体网民共同追求和自觉行为。另一方面，广大网民也应当将法治精神内化于心、外化于行，在网络空间有所为、有所不为，自觉争当尊法守法的"中国好网民"。

　　不同于某些西方国家所标榜的双重标准下"一条腿走路"的"网络自由"，法治化能够尽可能保证网络信息畅通流动的同时，以正确的法治精神为导向，以具体的法律体系为抓手，确保我国互联网发展的健康向上和可持续性。网络空间法治化的推进不仅具有服务中国的价值，更具有启发世界的意义。只要我们坚持不懈地构建"立法、执法、守法"三位一体的立体机制，全面推进网络空间法治化，就一定能够使网络空间风朗气清、健康有序的局面永久持续。

2014 年 10 月 27 日

以法治为保障实现伟大中国梦

当代中国迎来一个法治的新航标。党的十八届四中全会作出的《关于全面推进依法治国若干重大问题的决定》全文，以及习近平总书记就决定的起草情况向全会所作的说明，于10月28日晚间公布。这意味着凝聚全党心血和智慧的决定，已经上升为党的意志，开始对当代中国的发展产生决定性作用和影响。

四中全会胜利闭幕的这几天里，法治成为全社会的热词和高频词，强烈吸引了全国人民关切的目光。而今天这份洋洋一万六千余言的决定全文，字里行间闪耀着法治信仰的真挚光芒，彰显着靠法治为实现中国梦提供保障的伟大设计，诚如习近平总书记所言，"对科学立法、严格执法、公正司法、全民守法、法治队伍建设、加强和改进党对全面推进依法治国的领导作出了全面部署"。这样一份法治中国的顶层设计和战略构想，已经为实现中国梦指明了清晰的法治路径。可以期待的是，这份法治中国的纲领性文献，必将为实现中国梦提供有力保障。

今天的中国，已经步入新的历史方位。以法治为引领和规范，成为发展的迫切需求。同时，我们的法律体系已经形成，迫切需要在新的法治高度和境界释放法治的力量。踩准时代的节奏，切准人民脉搏，我们党及时开启了法治的明灯。这显然不是一般意义上的法治，而是合乎法治文明，代表法治方向，能够为当代中国发展提供强劲动力，为未来中国引领和规范出一条可持续的制度规则轨道。在相当意义上说，以法治中国建设为标志，当代中国的改革发展步入了一条更加科学、规范的法治化轨道。

在这篇内涵极为丰富的决定里，我们党对法治的信仰是一条精神的主线。这条精神主线的贯穿，表明我们党对法治的认识已经有了质的飞跃。从决定可以看出，我们党的治国理政，不仅是坚持全面推进依法治国，还在坚持依规治党、依法治军。这表明，法治信仰、法治精神已经贯穿于党治国理政的全部活动中，成为我们党一切工作的重大理念。这样的飞跃，意味着我们党的治理能力已经有了一个重大的提升，体现着这个大国的大党引领当代中国走向现代化的信心与决心。

这篇充满智慧的决定，历史性地回答了党的领导与依法治国的关系这一重大理论和实践问题。从"党的领导是中国特色社会主义最本质的特征，是社会主义法治最根本的保证"，到"坚持党的领导，是社会主义法治的根本要求，是党和国家的根本所在、命脉所在，是全国各族人民的利益所系、幸福所系，是全面推进依法治国的题中应有之义"，再到"坚持党领导立法、保证执法、支持司法、带头守法"，这些重要论断，为我们在实践中把依法治国同依法执政相统一、把党的领导与推进法治相统一提供了理念指引，实现了无缝对接。

正如习近平总书记在说明中所指出的，各方面一致认为，全会决定"直面我国法治建设领域的突出问题，立足我国社会主义法治建设实际""有针对性地回应了人民群众呼声和社会关切"。在相当意义上说，这正是这份决定吸引全国人民目光的一个重要基点。因为全国人民从这种针对性的回应中，读到了自己的法治期待。

有"在每一个司法案件中感受到公平正义"的承诺，亦有"绝不允许办关系案、人情案、金钱案"的宣示，更有"建立重大决策终身责任追究制度及责任倒查机制"的诸多制度设计。顺民之愿者，民必乐从之。从这些有力的回应中，我们看到了法治的生命力和宏景。

　　"一分部署，九分落实。"把思想和行动统一到四中全会精神上来，把这个贯穿着法治信仰、法治文明、法治精神的全面推进依法治国的重大决策部署落细、落小、落实，我们就一定能激荡出当代中国的雄奇伟力，实现亿万人的幸福梦想就必定有坚强的法治支撑。

2014 年 10 月 28 日

向宪法宣誓，坐实法治责任

刚刚公布的《中共中央关于全面推进依法治国若干重大问题的决定》中有一项引人注目的规定："建立宪法宣誓制度，凡经人大及其常委会选举或者决定任命的国家工作人员正式就职时公开向宪法宣誓。"这是一项落实依宪执政、依宪治国的重要举措，需要从依法治国的基本制度安排高度加以深刻认识。

向宪法宣誓，不仅是一项象征性的程序行为，它有着重要的实质意义和作用。要从现代法治的全面制度安排着眼加以理解。

一个真正有序的现代国家基本上都制定有一部宪法。但宪法在国家政治生活中的地位与作用大为不同。差别就在于，有宪可依是一回事，行宪不严是另一回事。有宪可依，必须走向依宪治国与依宪行政，才能保证宪法真正成为国家的根本大法，促使国家迈进在依法治国的轨道上。

中国共产党领导中国人民建立中华人民共和国以后，制定了宪法这一旨在保障国家政治法律秩序的根本大法。中国共产党努力率领人民制定并遵守宪法。但毋庸讳言，由于过去相应的行宪制度安排并不周密，一度出现过治国过程中宪法权威流失的情况。改革开放以来，党和国家领导人都特别强调宪法权威，并将之视为中国超越人治、走向法治的强大动力。相应的制度建设，逐渐提上日程。习总书记在接任国家领导人之际，就曾庄严宣誓"我将忠实履行宪法赋予的职责"。到此次四中全会，将依宪治国提到前所未有的新高度。

决定强调全面推进依法治国，重申依宪治国、依宪行政的极端重要性。这次将人大任命的公职人员向宪法宣誓写进全面推进依法治国决定之中，目的就在于强化行宪的制度安排。从党和国家领导人的率先垂范，到中央文件的制度重申，呈现了人们必须高度重视的公职人员向宪法宣誓的重大制度建设意义。职人员向宪法宣誓，首先是向人民宣誓，旨在凸显公职人员对权力来源的清醒认识。习总书记强调，"权为民所赋"。一切公职人员权力的最终来源，不是来自上级的任命，也不是来自同僚的推举，更不是来自个人的踊跃担当。"中华人民共和国一切权力属于人民。"唯有人民的授权，公职人员才具有可以行使的权力；一旦人民不予授权，公职人员最终必将丧失权力。向宪法宣誓，就此意味着向人民公开宣誓：捍卫他们的利益，秉承他们的意志，忠诚为他们服务，竭力为他们工作。这有助于公职人员建立起与人民之间的政治信任关系，也是他们依法行使人民托付的权力必须作出的庄严承诺。

公职人员向宪法宣誓，同时是向自己所担负的政治法律责任宣誓，也是对自己已经理性而清醒地认识到这些责任的公开表达。对中国的公职人员来讲，依宪治国、依宪行政，必须对中国法治精神有一个深刻的领悟——法治，乃是一个将党的领导、人民当家作主与依法治国统一起来的治国过程。因此，如何将党交付的政治责任、人民委托的公共使命、依法治国的程序安排有机结合起来，是人大任命的公职人员必须具备的履职能力。一旦作出相关宣誓，公职人员就不能以其他任何理由规避自己承担的责任，甚至是以权谋私、贪污腐败。否则，就必须接受法律严惩。

公职人员向宪法宣誓，是一个具有仪式与实质双重含义的、作出承诺与履行承诺的严肃活动。现代国家几乎无一例外地重视向宪法宣誓的仪式。不同仅仅在于，宣誓者的层级高低、范围大小、庄严程度与追惩机制。宗旨都是依宪治国，更重要的是凸显领承人民赋权，庄重向人民公开承诺公权公用的政治制度约束含义。宣誓并非儿戏，一旦宣誓，那就是对人民作出了极其庄严的政治承诺。向宪法宣誓的背后，存在着一套制约公职人员履职的制度机制。

公职人员向宪法宣誓，也是一个现代国家是不是能够举国崇尚法治、形成浓厚的法治氛围的重要影响因素。对一个法治国家来讲，公职人员是否守法，涉及他们的政治品质问题，向宪法宣誓，意味着向依照宪法精神制定出来的所有部门法宣誓，这是法律忠诚的要求。公职人员是否守法，也与人民是不是具有法治精神和捍卫法治程序的习性，具有密切关系。人民在公职人员向宪法宣誓的活动中，不仅对自己进行了法治教育，也等于承接了监督公职人员公权功用的责任。人民的参与，是其利益得到捍卫，并有效监督公职人员公权功用的社会条件。公职人员向宪法宣誓，就此成为坐实依法治国责任的一个不可小觑的重要制度环节。

2014 年 10 月 29 日

让依法治国的步伐更加坚实

党的十八届四中全会在提出全面推进依法治国的总目标以及全面推进依法治国的重大任务中，明确提出"公正司法""保证公正司法，提高司法公信力"，强调公正司法是中国特色社会主义法律体系不可或缺的重要环节。

四中全会公报指出，"公正是法治的生命线"，"司法公正对社会公正具有重要引领作用，司法不公对社会公正具有致命破坏作用"。"生命线"和"引领作用"的表述，一语中的地点明了公正司法在法治中的重要性。法律是治理国家、调节社会、促进发展的重器，公正司法是确保法律有效实施的前提。在一个完整的法律体制中，立法、执法、司法各司其职、各有其用。但如果没有公正的"引领"，再好的法律也会因为缺乏必要的基础支撑而失去效力、失去权威，法治将成为空话。

习近平总书记曾指出，公平是来自社会最响亮的呼声之一，公正是凝聚民心的向心力之源。他还说，改革不是目的，让社会变得更加公平正义才是主题。总书记点破的主题，正是老百姓关心的大问题。

改革开放 30 多年来，中国经济发展成果显著，人民生活水平大幅提高。但同时，区域发展和城乡发展的不平衡、利益多元化、社会分层、贫富差距拉开等等矛盾凸显。在这样的背景下，让不同利益主体，特别是让弱势群体能够通过法律表达自己的意愿，由公正的司法维护社会不同群体和每一个人的权益，对于各类矛盾的化解、相关问题的逐步解决，进而对国家稳定、社会和谐的重要意义是不言而喻的。

然而，现实中那些有法不依、滥用法律，乃至徇私舞弊、贪赃枉法、刑讯逼供等等现象时有耳闻，程序不公正或者结果不公平导致的冤假错案屡屡发生。司法不公正让法律难以发挥应当发挥的作用，让政府失去公信力，让社会矛盾激化，让人民群众很不满意。党体察民情，倾听民声，以公正司法作为法治建设的切入点和突破口，顺乎民意，深得民心。

以往实践表明，长期存在的地方保护主义、部门分割、某些利益集团作祟，以及长官意志、行政干预等等是司法不公的渊薮。因此，四中全会指出，要"完善确保依法独立公正行使审判权和检察权的制度，建立领导干部干预司法活动、插手具体案件处理的记录、通报和责任追究制度"；"推动实行审判权和执行权相分离的体制改革试点"。在坚持党对国家事务、司法制度领导的宪法原则框架内，在人民代表大会制度规定、监督与授权下，随着司法改革的不断深化，随着司法人员素质的不断提高，中国特色法律体系中的司法公正完全可以得到充分体现。

习近平总书记多次强调，"努力让人民群众在每一个司法案件中感受到公平正义"。如今，公正司法目标的提出及其实践，必将使依法治国的步伐迈得更加坚实，让人们对中国特色社会主义法律体系的建设充满信心，对法治中国的前景充满希望。

2014 年 10 月 31 日

在法治的轨道上推进社会主义民主政治

中共十八届四中全会作出的全面推进依法治国决定，并不只是一种按照法定程序治国理政的决定。这样的理解，没有触及依法治国背后的深层目的。

依法治国，旨在落实中国国体与政体的大目标。中国现行宪法明确规定，"中华人民共和国一切权力属于人民"。代表人民意志的执政党——中国共产党，就此注定了带领人民行使民主权利的执政使命。法治的基本宗旨，也就被社会主义民主政治所规定。而社会主义民主政治，也就在法治化的国家治理体系与治理过程中，得到全面的落实。

全面推进依法治国，其宗旨就是全面落实人民当家作主的社会主义民主政治目标。中国作为一个社会主义国家，是一个人民当家作主的国家。诚如习近平总书记明确指出的："人民当家作主是社会主义民主政治的本质和核心。人民民主是社会主义的生命。没有民主就没有社会主义，就没有社会主义的现代化，就没有中华民族伟大复兴。"可见，社会主义政治本质上就是民主政治。一切以非民主的政治理念理解社会主义的尝试，都是不得要领的。

建设社会主义民主政治，需要有强大的现代观念、制度机制和运行体系共同推动。正如习总书记强调的，"中国共产党领导人民实行人民民主，就是保证和支持人民当家作主。保证和支持人民当家作主不是一句口号、不是一句空话，必须落实到国家政治生活和社会生活之中，保证人民依法有效行使管理国家事务、管理经济和文化事业、管理社会事务的权权利"。换言之，落实人民民主，必须坐实在法治化的平台上，才能实现。

长期以来，由于人们习惯于将社会主义民主理解为人民群众的直接民主、街头民主、大众民主，因此在思考社会主义民主问题的时候，常常脱离法治的轨道，展开非规则的遐想。这是一种误导。中国共产党要领导人民实行民主，缺乏严格的法治观念，没有可靠的制度机制，放逐有效的奖惩规则，人民当家作主的社会主义民主就很难真正实现。

社会主义民主政治，是一种在法治化轨道上才能有效推进的民主形式。社会主义民主政治，不是一种沿用既有的民主经验就水到渠成的自然进程，而是通过依法治国加以落实的政治发展。诚然，中国社会主义民主，作为中国共产党领导、人民当家作主与依法治国统一起来的民主形式，缺少强有力的制度领导，就缺少强有力的政治核心；缺少人民当家作主，就缺少民主政治的行动主体；缺少依法治国，就缺少必需的法律规章。三者齐备，三者统一，方有社会主义民主的实现契机。

中国的社会主义民主政治，从依法治国的基本制度来理解，首先是由宪法规定的人民主权确定下来的国家根本法规定的。这是社会主义民主只能在法治轨道上推进最重要的根据和理由。其次，社会主义民主也是法治化的国家基本制度框架所确立起来的民主形式。全国各级人民代表大会的代表权，以及行使代表权时发挥的、监督一府两院的功能，体现了社会主义民主的基本法精神。各级人民政治协商会议，则以协商民主的形式，将民主协商的法律条规、行政目标，融入法律法规、政府施政目标之中，从而落实人民的民主权利。

不论是立法民主、还是协商民主，抑或是其他社会民主的形式，都不可能运行在无视法规保障的机制中。推进社会主义民主政治建设进程，除开法治化路径，别无其他途径。犹如习总书记引用古语所言："法者，天下之准绳也。"唯有依法治国，人们才能遵守宪法所规定的国家基本制度，才有望形成法治共识，并由此杜绝法外特权、违法冲动、犯罪意念。依法治国，为人们划出一条在什么范围行动属于行使民主权利、在什么范围行动属于违法违规的分界线。缺少这条法治界限，人们就会陷入手足无措的混乱状态。在这种状态中的所谓民主，就只会引发政治动荡、民族悲剧和国家灾难。

中国的一切权力属于人民，这是中国宪法明确规定清楚了的。但人们缺少相关的法治理念、缺少制度安排与行动规范，一切权力就会陷入滥用的危机。社会主义民主，是法治之下的民主。这既有利于杜绝滥用民主权利导致的社会政治动荡，也有利于真正且有序落实人民民主权力。这是中国人民现当代政治经验的耳提面命，不能不真诚信从。

2014 年 11 月 4 日

让领导干部成为建设法治中国的中流砥柱

2月2日，省部级主要领导干部学习贯彻十八届四中全会精神全面推进依法治国专题研讨班举行开班式，习近平总书记发表重要讲话。他强调，各级领导干部在推进依法治国方面肩负着重要责任，全面依法治国必须抓住领导干部这个"关键少数"。领导干部要做尊法学法守法用法的模范，带动全党全国一起努力，在建设中国特色社会主义法治体系、建设社会主义法治国家上不断见到新成效。

"国之隆替，时之盛衰，察其任臣而已"。习总书记的讲话一语中的，切中要害地抓住了当前全面推进依法治国建设的"关键少数"——各级领导干部。中国作为一个幅员辽阔、国情复杂的大国，不少省市都有着堪比世界上中等国家的人口、经济规模，其治理难度自然不亚于同体量的国家；有些部委所承担的职能，其运行之复杂、地位之重要也同样如此。而作为一省一部的主要领导干部，其肩上的责任和面临的挑战也是不言而喻的。在2015年全面推进依法治国的开局之时，中央召集省部级主要领导干部专门就此研讨学习，对全面推进依法治国的进程具有某种冲锋号、动员令式的重大意义。

正如习总书记所指出的那样，各级领导干部的信念、决心、行动，对全面推进依法治国具有十分重要的意义。"上下齐心，其利断金"。只有领导干部心悦诚服、身体力行地把对法治的尊崇、对法律的敬畏转化成思维方式和行为方式，营造出办事依法、遇事找法、解决问题用法、化解矛盾靠法的法治环境，各级党员干部才能见贤思齐、上行下效，以此为榜样、标杆，把依法治国的具体要求贯彻落实到日常工作中去。只有主要领导干部牢记法律红线不可逾越、法律底线不可触碰，带头遵守法律、执行法律，才能使极少数干部队伍内的"迷途之羊、害群之马"有所忌惮，不敢越危害法治的雷池一步。

同时，也应当清醒地看到：虽然我国社会主义法治建设取得了重大成就，各级领导干部在推进依法治国进程中发挥了重要作用。但在现实生活中，个别领导干部法治意识比较淡薄，有的存在有法不依、执法不严甚至徇私枉法等问题，影响了党和国家的形象和威信，损害了正常的社会秩序。试想，如果一个肩负重大责任的领导干部把党的领导作为个人以言代法、以权压法、徇私枉法的挡箭牌，将法律制度视作无物，将法治精神看作虚无，那么造成的后果将是难以估计的。进一步说，假如个别领导干部全然不顾法治二字，把党和人民赋予的权力当作了为所欲为、随心所欲的玩物，其级别越高、责任越重，对国家和人民造成的危害也必然更大。因此，加强对各级领导干部的法治教育、法治管理、法治监督，可以说是法治建设中的当务之急、重中之重。党的十八大以来，一只只"老虎"的倒下和个别地方"塌方式腐败"的背后，实际上就是一个个领导干部对法治失守、对权力失控的前车之鉴。

习总书记在此次讲话中，既指出了对症下药的药方，也敲响了防微杜渐的警钟："领导干部都要牢固树立宪法法律至上、法律面前人人平等、权由法定、权依法使等基本法治观念""党政主要负责人要履行推进法治建设第一责任人职责，统筹推进科学立法、严格执法、公正司法、全民守法""党纪国法不能成为'橡皮泥'、'稻草人'，违纪违法都要受到追究"。

法治中国的建成，不能寄希望于毕其功于一役。中央层面的顶层设计、各级领导干部中流砥柱式的模范作用和基层群众的拥护支持，三者缺一不可、相辅相成。作为事关全面推进依法治国进程的

"关键少数"，各级领导干部必须有一种厉行法治的历史自觉、使命自觉和行动自觉。在这个意义上说，习总书记对各级领导干部提出的"要心中高悬法律的明镜，手中紧握法律的戒尺，知晓为官做事的尺度"应当作为每一位领导干部的座右铭和警世钟。

2015 年 2 月 3 日

抓住全面依法治国的"牛鼻子"

立法法的修订是十二届全国人大三次会议的重要议程。连日来，修订有"小宪法"之称的立法法，成为此次全国两会的热点之一，被社会各界寄予厚望。

牵牛要抓牛鼻子，抓大事要切中要害。今年是全面依法治国的开局之年，而推进全面依法治国，立法是关键一环。立法法是关于国家立法制度的重要法律，修订立法法，是从源头上夯实全面依法治国的立法基础，可谓抓住了"牛鼻子"。

修订立法法是与时俱进的时代要求。我国现行立法法自2000年颁布施行以来，对规范立法活动，推动形成和完善中国特色社会主义法律体系，推进社会主义法治建设，发挥了重要作用。然而，随着我国经济社会的发展和改革的不断深化，人民群众对加强和改进立法工作有许多新期盼，以习近平同志为总书记的党中央提出了新要求，立法工作面临不少需要研究解决的新情况、新问题，适时修改立法法十分必要。

立法法的修订是全面依法治国的顶层设计。总体看，"一收一放"是立法法修订的"两条腿"，如何让这"两条腿"收放自如、协调统一最为重要。

所谓"收"，就是遏制立法行为中的"任性"，守护立法的"边界"。党的十八届四中全会的决定指出，我们立法工作中部门化倾向、争权诿责现象较为突出，要从体制、机制和工作程序上有效地防止部门利益和地方部门保护主义法律化。比如，近年来，一些地方政府仓促之间出台地方性限行、限购措施，引发广泛争议。因此，立法法修正案草案提出在制定部门规章过程中，不得增加本部门的权力、减少本部门的法定职责，其目的就是整治以规谋权、以规谋私、关门立法、"夹带私货"等顽疾。

所谓"放"，就是有针对性地扩大地方立法权。党的十八届三中全会通过的《中共中央关于全面深化改革若干重大问题的决定》明确提出，要"逐步增加有地方立法权的较大的市数量"。为了适应社会经济的发展，立法法修正案草案进一步明确了中央和地方立法权限的划分，赋予设区的市地方立法权。这样一来，全国282个设区的市都将享有地方立法权，方便它们制定地方性城市综合执法法规。

谁立法？怎么立？这是立法法需要解决的核心问题。修改立法法意义远不止终结"说限就限，说扩就扩"类的任性，而是对立法行为本身进一步规范，划定不能逾越的"边界"，且程序必须合法。因此，立法法的修订核心是规范立法，是完善立法体制，完善制定行政法规的程序。

为改革发力，这是立法法修订的内在动力。主动衔接，适应改革要求，是立法法修订对全面深化改革的呼应。党的十一届三中全会以来，我们国家的立法工作和改革总是相伴而行，立法适应和保障了改革。党的十八届三中全会和四中全会提出，凡属重大改革都要于法有据，立法要和改革相衔接，要主动地适应改革和经济社会发展的需要。习近平总书记更是要求，在整个改革过程中，都要高度重视运用法治思维和法治方式，发挥法治的引领和推动作用，加强对相关立法工作的协调，确保在法治轨道上推进改革。

为民生助力，这是立法法修订的民意源泉。立法法虽专业性较强，却和每个公民的生活息息相关。近年来，有的地方收费公路明明已经到期，一个红头文件就可以让收费延期，此类行为屡屡让人诟病。而此次立法法修正案草案提出，如果没有法律、行政法规、地方性法规依据，地方政府规章不得设定减损公民、法人和其他组织权利或者增加其义务的规范。

欲穷千里目，更上一层楼。在"四个全面"的战略布局中，全面深化改革与全面依法治国，被视为"鸟之两翼""车之双轮"。立法法的修订，犹如连接起改革与法治的一根主轴，助力"四个全面"。

2015 年 3 月 10 日

决定我军前途命运的关键一招

新年第一天，中央军委关于深化国防和军队改革的意见发布。这份五千字左右的军改方案，分量非比寻常。军改方案开宗明义：深化国防和军队改革，是实现中国梦、强军梦的时代要求，是强军兴军的必由之路，也是决定军队未来的关键一招。足见此次军改意义非同一般。

放眼世界，新军事革命正加速发展。一如习近平总书记曾概括的：这场军事领域发展变化，以信息化为核心，以军事战略、军事技术、作战思想、作战力量、组织体制和军事管理创新为基本内容，以重塑军事体系为主要目标。这场新军事革命，不仅反映在军事科技突飞猛进上，也反映在军事理论不断创新上，还反映在军事制度深刻变革上。挑战是严峻的，机遇也是难得的。关键就是能不能因应大势。军改方案的出台，无疑是我党我军因应大势迅速作出的科学的战略抉择。

从我军历史看，在党的领导下，我军从小到大、从弱到强、从胜利走向胜利，一路走来，改革创新步伐从来没有停止过。也正是因为改革创新，才使我军始终挺立时代潮头。正是因为不断推进自身改革，我军始终保持了蓬勃朝气和昂扬锐气。现在，我国进入由大向强发展的关键阶段，我军站在新的起点。能不能担负起使命任务，能不能同我国国际地位相称、同国家安全和发展利益相适应，能不能为实现中国梦提供坚强力量保证，迫切需要我军作出坚定回答。无疑，深化改革是一个明智的抉择，也将是对我军改革智慧和勇气的再次见证。

军改顺应的是大势，着眼的是大局，目的就是"构建能够打赢信息化战争、有效履行使命任务的中国特色现代军事力量体系"。也正因如此，从"着力解决制约国防和军队发展的体制性障碍、结构性矛盾、政策性问题"，到"牢固确立战斗力这个唯一的根本的标准，切实解决和克服军事斗争准备重难点问题和战斗力建设薄弱环节，构建一体化联合作战体系"，都是为了加速推进军事战略转型，加快完成新军事变革，确保我军在新形势下打得赢、不变色。

从军改方案的目标设计和任务部署看，这是一份富有科学性、前瞻性、战略性的方案，一个总体目标、九项主要任务，可谓改革的力度与创新的精神兼备。比如，在领导管理体制上，"调整改革军委机关设置，由总部制调整为多部门制"，军委机关"减少领导层级，精简编制员额和直属单位"；在联合作战指挥体制上，"构建平战一体、常态运行、专司主营、精干高效的战略战役指挥体系，重新调整划设战区"；在军队规模结构上，"裁减军队现役员额30万"；在政策制度上，"全面停止军队开展对外有偿服务"等等。以这样的改革力度和创新精神去落实军改方案，以高度的历史自觉和强烈的使命担当推进改革，我军必有脱胎换骨的变化，必能交出一份党和人民满意的答卷。

2016年1月2日

用什么人不用什么人是最重要的导向

"保护作风正派、锐意进取的干部,真正把那些想干事、能干事、敢担当、善作为的优秀干部选拔到各级领导班子中来",习近平总书记参加十二届全国人大四次会议黑龙江代表团审议时,为各级干部鼓劲打气,引起广大干部强烈共鸣。

面对正风反腐的大势,广大干部群众拍手称快,干事创业的环境不是严峻了而是更优化了。但也有一些人大叹为官不易,总觉得这也不自由、那也不方便,采取消极抵抗的态度,只表态不表率、只挂帅不出征。这种心态虽非主流,但影响甚大,危害不小,导致一些作风正派的干部想干事又担心"动辄得咎"而出事,敢担当又怕因出错而被揪住不放。这种状态必须改变。

"干部干部,干是当头的,既要想干愿干积极干,又要能干会干善于干,其中积极性又是首要的。"正如习近平总书记所强调的,"要充分调动广大干部积极性,不断提升工作精气神"。过去一年,在经济形势极为复杂的情况下,中国经济保持了 6.9% 的增速,各方面的发展都取得不错的成绩,归根到底是在党中央的坚强领导下,各级干部带着人民群众干出来的。在这个"十三五"开局之年、推进结构性改革的攻坚之年,要开好局起好步,啃下硬骨头,关键还是靠干,靠广大干部带头锐意进取、攻坚克难。

如何调动干部积极性、提升精气神?这始终是我们党治国理政的一个重要命题。在新形势下,关键就是要"暖心",如习近平总书记所言，"既要严格管理，又要热情关心"。俗话说，严是爱，松是害，对干部当然应该严格管理。不严字当头，一些干部就很容易走样变形。但严不代表对干部冷漠无情，对干部工作中遇到的思想和实际难题不闻不问。当一些干部干事有点畏首畏尾有了思想包袱时，就要解好他们的思想扣子。当一些敢担当的干部遇到棘手事、受到不公对待时，就要为他们担当、排忧解难。如此，广大干部才会始终葆有一颗锐意进取敢闯敢干的心。

用一贤人则群贤毕至，用什么人不用什么人，是最重要的导向，最鲜明的态度。把那些想干事、能干事、敢担当、善作为的优秀干部用起来，让那些为官不为、说三道四、偷奸耍滑的庸碌干部靠边站，就是风清气正的最有力指引，也是干部士气、精气神最有力的倡导。只有为作风正派、锐意进取的干部撑腰，为敢担当者担当，让能干事者干成事，才会扫除一些干部的思想雾霾，放下思想包袱，去为改革发展继续"蛮拼"。

2016 年 3 月 8 日

从严治党，坚持敬终如始

重用实干家　贬责虚浮者

　　"让埋头苦干、真抓实干的干部真正得到重用、充分施展才华，让作风漂浮、哗众取宠的干部无以表功、受到贬责。"习近平总书记5月9日在指导兰考县委常委班子专题民主生活会时的这段话，在一立一破、一赏一罚之间，点明了干部选拔的真谛，指出了改进作风的命脉，令人击掌。

　　这让人想到历史上一个耐人寻味的对比：唐太宗时期，房玄龄孜孜奉国，李靖出将入相，魏征以谏诤为己任，共铸贞观之治；唐玄宗晚年，李林甫口蜜腹剑，杨国忠尸位素餐，安禄山狼子野心，终致安史之乱。历史教训印证一个朴素道理：把什么样的人提拔到领导岗位，就在确立什么样的标准、树立什么样的导向，更会带来什么样的风气、造就什么样的治理绩效。

　　诚如古人所言："用一贤人，则贤人毕进；用一小人，则小人齐趋。"试想，如果作风漂浮、哗众取宠的干部不仅不受贬责、反而带病提拔，那就只会产生负面的示范效应，导致更多人在形式主义的路上"前赴后继"，党风政风怎么会变好？相反，只有让埋头苦干、真抓实干的干部真正得到重用、充分施展才华，才能让出真招、办实事的干部脱颖而出，进而让唯实务实的风气蔚然成风。

　　然而，在现实生活中，作风漂浮、哗众取宠的干部却不在少数。花拳绣腿、有名无实、拉大旗作虎皮，热衷于造"典型"、搞"盆景"，玩注水浮夸的"政治统计学"。甚至用新的形式主义代替旧的形式主义，你要求绿化环保，他就在荒山上刷绿漆；你要求节能减排，他就搞个突击拉闸限电；你要求杜绝迎来送往，他就用矿泉水瓶装茅台……任由这些"假大空"大行其道，不仅会败坏党风政风，更会贻误事业发展、损害群众利益。

更应深入思考的是，为什么作风漂浮、哗众取宠的干部禁而难绝？为什么形式主义像韭菜一样割一茬长一茬？原因就在于，他们总是戴着"政治正确"的帽子，装出与中央保持一致的样子，懒于做事、善于做作，对上级苟合取容、对下级表演作秀。如果不能循名责实、考其实绩、究其根本，就必然会被表面现象迷惑，又如何能真正识别作风漂浮、哗众取宠的本质？对此，应该建立科学评价机制、畅通群众参与渠道，才能撕破形式主义的面具，真正让作风漂浮的干部原形毕露、受到贬责，起到扶正祛邪、祛湿排毒的作用。

正如当年焦裕禄踏遍兰考1600个沙丘探求治沙之法，孔繁森在茫茫雪域跋涉8万多公里苦思发展之策，杨善洲用20多年造就莽莽林海惠及群众，给埋头苦干的干部更多空间，给真抓实干的人才更大舞台，"在困难面前逞英雄"的精神才能茁壮生长，"谋事要实、创业要实、做人要实"的风气才能逐渐涵养，"一个行动胜过一打纲领"的认识才能凝聚共识，我们的事业才能不断破浪前进。

50年前，强忍病痛的焦裕禄坐在桌前，写下一篇文章的题目，用"设想不等于现实"作为第一个小标题。文章虽未写完，但是奋斗的激情、实干的热情已经写入亿万人民心中。今天，在全面深化改革的深水区、社会转型的关键期，唯有依靠这种实干的精神，我们才能爬坡过坎、闯关夺隘，把中国梦写满神州大地。

2014 年 5 月 10 日

营造良好从政环境　书写新的历史篇章

　　"七一"前夕，中共中央政治局就加强改进作风制度建设进行了第十六次集体学习。习近平总书记在主持学习时强调，把作风建设要求融入党的思想建设、组织建设、反腐倡廉建设、制度建设之中，全面提高党的建设工作水平。他强调，加强党的建设，必须营造一个良好从政环境，也就是要有一个好的政治生态。

　　"营造一个良好从政环境"，这是一个新颖的提法。这使人们从一个崭新的角度去思考怎样才能管好党、建好党。

　　良好的从政环境，首先与中国共产党所处的时代大环境密切相关。作为全世界最大的执政党，中国共产党领导十几亿中国人民走在国家崛起、民族复兴的光荣之路上。在外部环境错综复杂、国际关系扑朔迷离的大背景下，来自外部的赞美和肯定、嘲讽与贬斥，善意的批评或恶意的攻击，将我们团团包围。这个时候，党能不能保持坚定的自信心和旺盛的斗志，能不能坚持理想信仰承担起历史使命，当然是一种考验。

　　在国内，随着改革开放不断推进，市场经济不断深入，社会经济文化事业的不断发展，人民群众对中国梦越来越怀有期望，同时也对执政党提出了新的要求。新的要求，新的问题，新的矛盾，新的挑战，交织于一起，形成了党必须置身其中且必须从中有所作为的"生存环境"，使党面临着复杂的执政考验。

　　在客观大环境下营造良好的从政环境，需要解决的一个重要问题是，面对外部环境错综复杂、变化万端的客观事实，每一个党员特别是党的各级领导干部能否坚守正道、弘扬正气，坚持以信念、人格、实干立身？能否做到襟怀坦荡、光明磊落，对上对下讲真话、实话？能否坚持原则、恪守规矩，严格按党纪国法办事？能否严肃纲纪、疾恶如仇，对一切不正之风敢于亮剑？能否艰苦奋斗、清正廉洁，正确行使权力，在各种诱惑面前经得起考验？

一些贪腐分子在罪恶败露后，常常忏悔自己"经不起外界的种种诱惑"。一些在思想作风、工作作风等方面有毛病的人，也每每抱怨"社会风气不好"，什么"礼节要讲，人情难却"，什么"吃吃喝喝，不算过错"，什么"不吹不拍，难以进步"等等乌七八糟的东西，似乎有"客观正确性"，"常在河边走，难免湿下鞋"成为一些人为自己的错误粉饰开脱的理由。这种"客观环境影响决定"论，是腐败现象滋生、作风问题成堆等顽瘴痼疾难以扫除的重要原因之一，是对"两个务必"宗旨的严重背离，是对共产党人自觉保持先进性、纯洁性崇高要求的背叛，因而是营造良好从政环境的重要突破口。

在中国共产党 93 年的历史上，从井冈山到瑞金再到延安，直至"进京赶考"，革命根据地红色政权的从政环境和人民政府的从政环境，经历过这样那样的考验，有教训，有经验。今天，习近平总书记提出营造良好从政环境的新课题，注重作风建设制度建设的长效机制，将为党的长远建设，为国家的长治久安书写新的篇章。

2014 年 7 月 1 日

把政治生态整治得更清洁一些

把从政环境整治得更健康一些，把政治生态打扫得更清洁一些，这是许多党员干部的真诚愿望，也是社会各界的强烈呼吁。习近平同志在中央政治局第十六次集体学习时强调，要营造一个良好的从政环境，并对领导干部提出四条要求："要坚守正道、弘扬正气，坚持以信念、人格、实干立身；要襟怀坦白、光明磊落，对上对下讲真话、实话；要坚持原则、恪守规矩，严格按党纪国法办事；要严肃纲纪、疾恶如仇，对一切不正之风敢于亮剑；要艰苦奋斗、清正廉洁，正确行使权力，在各种诱惑面前经得起考验。"这四条要求，概括了领导干部应在信念、品德、纪律和作风方面所应具备的基本素质，也是加强党的建设，创造良好政治生态的重要遵循。

营造良好从政环境具有双重意义。一方面，从政环境反映了执政作风、干部素质和精神状态。不仅关乎党的形象，还关乎工作大局。没有良好的从政环境，各项工作难以有效推进，还会助长庸俗乃至病态的官场文化，甚至为腐败滋生提供土壤。另一方面，政治生态也必然强烈地影响社会风气。不良的从政文化，污染社会生态，难以构建起和谐、健康、向上的社会氛围，还会积聚不满和怨气，诱发种种矛盾冲突。从这个意义上说，从政环境，绝非小事。

应该正视这样的现实：一个时期以来，我们的从政环境或政治生态问题不少，形式主义、官僚主义、享乐主义、奢靡之风盛行，就是突出的表现。同时大家也看到，通过开展第一批教育实践活动和正在开展的第二批教育实践活动，党的作风建设取得了可喜的成果，从政环境吹来一股清新健康之风。当然，这离党员干部和老百姓的期待还有不小的差距。说明，重视不重视从政环境，治理不治理政治生态，效果是完全不一样的。只要高度重视并采取强有力措施，从政环境就可以得到有效改善。

正如习近平同志所强调的，领导干部的表率作用至关重要。一个地方和单位，工作搞得好不好，当然和领导干部的能力和水平有关，但更重要的是，领导干部自身要有良好的道德品格和个人形象。领导干部立身正、讲原则、拒腐蚀、守纪律，那个地方和单位就会有比较好的从政环境，正气可以压倒邪气，党员干部和老百姓也会心情舒畅，士气高涨，工作能够很快打开局面。反之，庸俗的官场文化炽烈，潜规则大行其道，必然是美丑不分，乌烟瘴气。"上梁不正下梁歪，中梁不正倒下来"，这是自古以来的经验教训。

从政环境与选人用人关系密切。用一贤能之人，可以树立一个好干部的标杆，民心折服，提振士气；用一宵小之徒，则伤害一大片人的积极性，甚至伤害许多党员干部的感情。更可怕的是，这样会扭曲干部队伍的政治信念和价值取向，以非为是，以丑为荣，使政治生态更加恶化。应该从制度和机制上努力做到，"决不让老实人吃亏，决不让投机钻营者得利"。

每个人都要在特定的环境下生活，而自己也是环境构成的一个组成部分。当我们抱怨汽车尾气太重的时候，往往忽略了自己也开着一辆汽车。换言之，营造良好的从政环境，离不开每个党员干部的共同努力。大家多输出一些正能量，就能汇聚起更大的力量，为政治生态不断改善，为社会风气不断向好，作出应有的贡献。

2014 年 7 月 1 日

"好的政治生态"为何重要

　　这几天，"生态"这个词更加流行起来，从书斋里的学术名词成为社会的热门用语，这与习近平总书记的多次引用有关。6月30日，他在中央政治局第十六次集体学习时强调，加强作风建设需要一个"好的政治生态"。在党的生日这个特殊的时间节点之前再次强调"政治生态"，释放出强烈的政治信号。

　　在生物学意义上，"生态"是指生物与环境之间环环相扣的关系；进入社会语境后，"政治生态"则指党员干部与制度环境之间的交流互动。人是环境的产物，党员干部的行为模式，同样受到党内政治生态的影响。古人早就说过，"君子之德风，小人之德草，草上之风必偃"，意思是说风吹在草上，草一定会顺着风的方向倒，具体而言，政治生态风清气正，干部作风自然也会正大光明。

　　这只是从正面的角度来理解，如果从反面的角度来观察，就能看得更清楚。有人把恶劣的社会环境称之为"大染缸"，浸淫其中太久，恐怕谁都不能独善其身。"与恶人居，如入鲍鱼之肆，久而不闻其臭"，如果身边的干部都把以权谋私当成是本事，把同事关系搞成拉帮结派，那么保持清正廉洁反而被视为格格不入的另类，甚至会被边缘化，成为众人打击的对象。屈原忠君爱国，饱受嫉妒；海瑞刚介耿直，备受排挤，历朝历代这样的例子并不在少数，让多少人发出"清官难做""为臣不易"的喟叹。

　　因此，有一个"好的政治生态"，如同"与善人居，如入芝兰之

133

室，久而不闻其香"，党员干部就会潜移默化、见贤思齐，秉公用权、心底无私就会成为主流，联系群众、做好工作也不会遭到来自周围的冷枪暗箭。于是乎，干部作风会逐渐向好，党风政风会为之一新。

然而，"好的政治生态"并不是天然就存在的，它需要每一位党员干部的共同努力。换句话说，党内环境是千千万万个党员干部所营造，每一个党员干部的言行举止都会影响政治生态，正所谓"你就是他人的环境"。因此，党员干部不能坐等政治生态的形成，应该从自己做起、从点滴做起，一个党员干部的嘉言懿行，就是"好的政治生态"的基石；相反，贪污腐败也自然是政治生态变质腐烂的一个导火索。尤其是领导干部，有着以上率下、以身作则的重要功能，对政治生态的影响更为关键。

同时要看到，"好的政治生态"也需要制度的保驾护航。"刑罚所以止恶，圣人不得已而用之"。以刚性的制度规定和严格的制度执行，确保改进作风规范化、常态化、长效化，切实防止"四风"问题反弹，才能起到惩恶扬善、激浊扬清的重要作用，才能为"好的政治生态"树立鲜明导向。

有这样一组数据耐人寻味：2013年全国共发展党员240.8万名，较上年减少82.5万名。不是我们党不愿意壮大队伍，而是注重提高队伍质量，把不合格者挡在门外。党要管党、从严治党，从来都不是一句空话。我们不仅需要雷霆万钧的反腐行动，也需要政治生态的春风化雨。

2014 年 7 月 4 日

要的就是敬终如始这股劲

中共中央总书记习近平等中央政治局常委，近日在京分别听取第二批党的群众路线教育实践活动联系点县委和所在省区党委情况汇报，强调要敬终如始、一鼓作气抓好教育实践活动，深化整改落实，巩固扩大成果，把贯彻党的群众路线、加强党的作风建设不断引向深入。

党的十八大之后，深入开展了党的群众路线教育实践活动。这一活动，对于教育引导党员干部牢固树立宗旨意识和马克思主义群众观点，改进工作作风，赢得人民群众信任和拥护，夯实党的执政基础，巩固中国共产党执政地位，具有非常及时、极为深刻的深远意义。在第一批教育实践活动结束，第二批教育实践活动业已取得成效的时候，习近平总书记等中共中央政治局常委听取汇报，提出敬终如始、一鼓作气的要求，十分重要。"到了最要劲的时候"，这是教育实践活动当前阶段的精练概括，是对教育实践活动要求的点睛之笔。

"要劲"要的就是敬终如始、一鼓作气这股劲。古今中外，历朝历代，许许多多的当政者、执政党何尝不想有所作为，何尝不想行善政以治天下，求亲民而获民心？但因为种种原因，无数以良好愿望的开始，最终无果而终，甚至事与愿违，"播种龙种，收获跳蚤"。《贞观政要》中所说的"有善始者实繁，能克终者盖寡"，正是一种无奈的历史总结。而今天，中国共产党抓自身建设下了钢铁般的决心。不抓则已，抓就要有"准、狠、韧"的劲头，一抓到底，抓出"为民、务实、清廉"的实效，务求真正保持和发展党的先进性和纯洁性。

"要劲"必须不松劲。各级党员干部必须对教育实践活动有更深刻的认识。现在可以越来越清晰地看到，党的群众路线教育实践活动是创新式的党建工程，是党的三大作风在新时期的弘扬。因此，决不能将教育实践活动当作一阵风，以为"照镜子、正衣冠、洗洗澡、治治病"只是走过场。每一个党员干部必须按照党中央的总要求，不仅克服作风之弊，而且要补"精神之钙"，要扭住世界观人生观价值观这个"总开关"，不断锤炼党性、磨炼心性，牢固树立共产主义远大理想、中国特色社会主义共同理想、全心全意为人民服务根本宗旨，持续深入学习习近平总书记系列重要讲话精神，引导党员干部强化人民公仆的角色定位。

"要劲"的表述，说明第二批教育实践活动整改落实、建章立制工作任务繁重，难度不小。整改落实、建章立制是敬终如始的具体化。什么是善始善终、善作善成？就是要思想不松、标准不降、力度不减，把发现的突出问题一一解决，把整改任务一件一件落实到位，兑现承诺，言而有信。就是要按照抓常、抓细、抓长的要求解决作风问题，建立健全一系列行之有效的规章制度来坚持标本兼治。就是要坚持开门搞活动，让广大人民群众知晓整改的进展情况，评价活动的最终成效，使整改工作得到群众满意。显然，做好这些工作，达到这样的要求，需要付出极大的努力。唯其如此，才最要劲。

世界上的事"知易行难"，这是人们熟知的哲理。而"行易终难"，则是更深一层的哲学命题。因为，慎始善终、敬终如始需要常人未有的务实风格和认真态度，需要坚定的信念和意志力，更需要对事物发展规律的正确认识和把握。习近平总书记等政治局常委们对教育实践活动提出的敬终如始的要求，体现的执政理念、执政风格，让人肃然起敬。全体党员尤其是党的各级领导干部应该用心体会，努力践行。

2014 年 9 月 7 日

制度机制是贯彻群众路线的重要保障

党的群众路线教育实践活动目前已经取得了阶段性的成果。接下来的制度机制建设工作，是贯彻群众路线的重要保障。

这次群众路线教育实践活动，极大地提升了党的形象，让人民群众感到满意。而确保反"四风"、抓作风已经取得的成果得以巩固，不会出现反弹，这是党内党外、广大人民群众十分关心的事情。习近平总书记指出，作风问题具有反复性和顽固性，抓一抓会好转，松一松就反弹，不可能一蹴而就、毕其功于一役，更不能一阵风、刮一下就停。这番话，有的放矢，具有明确的针对性。因此，他明确指出，要建立抓作风的长效机制，要建立健全管用的体制机制。

建立抓作风的长效机制，是加强党的自身建设，坚持党要管党、从严治党，保持和发展党的先进性和纯洁性的必要举措，是努力增强党的创造力、凝聚力、战斗力的根本保证。建立长效机制，体现了从严治党中"严"字的具体化。从严治党不是通过几次整风就能达到目的，不能"照了照镜子、正了正衣冠、洗了洗澡、治了治病"就万事大吉。习总书记特别强调，无论做什么事情都要善始善终、善作善成。

在从严治党、狠抓作风这样的重大问题上，他强调要锲而不舍、驰而不息，要有踏石留印、抓铁有痕的劲头，一个节点一个节点抓，积小胜为大胜，保持力度、保持韧劲。在群众路线教育实践活动临近关键节点的时候，习总书记提出建立长效机制的要求，让"严"字落在实处，让"严"字有制度可依。

如何建立健全长效机制，是一项艰巨而又细致的任务。首先，必须认真学习、领会习近平总书记的有关重要指示精神，按照党中央的统一部署，站在一个高起点上去设计制度机制。其次，作为一项重要的制度机制，需要有顶层机构定规、统筹、把关；也需要举全党之力，自上而下、自下而上地酝酿讨论，充分发挥党内民主，使制度机制能够为全党自觉接受、遵守、执行。与此同时，需要广泛征求、认真听取民主党派的意见和建议，需要遵循为人民服务的宗旨，老老实实地向人民群众问计求策，使这个与群众路线直接相关的制度机制最终得到人民群众的认可和拥护。

建立健全长效机制，是一个崭新的课题。这个机制要管用，必须包括许多重要内容。其中，拥有突出地位的内容有三个方面：一是必须突出党群关系这一贯彻群众路线的核心，要有坚持经常联系群众，通过哪些方式联系群众，怎样对此监督考核，以及自觉接受群众评议和社会监督等具体规定。通过这样的规定，确保党与人民群众血肉相连关系的保持和发扬。二是必须突出作风建设的高标准。习总书记强调："各级领导干部都要树立和发扬好的作风，既严以修身、严以用权、严以律己，又谋事要实、创业要实、做人要实。"这样一个"三严三实"的要求，是广大党员干部特别是各级领导干部的为政之道、成事之要、做人准则，是制度机制的必有之义。三是必须深谋远虑，突出长远性。党员干部优良作风的养成，事关长远。抓党风政风、带社风民风，营造风清气正的社会环境，更是百年大计。立足长远的制度机制，对作风问题常抓不懈，使作风建设常态化，使党的群众路线长久地深入地得到贯彻。

世界上众多的国家政府、政党组织都存在着这样那样的作风问题，类似官僚主义、形式主义等等现象不仅常见，而且积习成弊，难以革除。中国共产党自建党以来，极为重视自身建设，很早就提出了

"三大作风"，把群众路线放在特别突出的位置。然而，"川泽纳污，山薮藏疾，瑾瑜匿瑕"，一支庞大的队伍在长期的斗争中难免有理想丧失、斗志颓唐、精神松懈的落伍者，"四风"问题的出现也不可避免。究竟怎样防范作风问题从隐患转成痼疾，究竟怎样从根本上解决作风问题，这是世界上任何一个政党组织都必定会面临的难题。对此，中国共产党给出的答案是，建立健全一个长效机制，确保全党坚持群众路线，使党永远与最广大的人民群众在一起。

2014 年 10 月 6 日

贯彻好群众路线是一个永恒课题

启动于 2013 年 6 月的党的群众路线教育实践活动，现已临近盘点收官的关键时刻。近日，中共中央政治局常委、中央党的群众路线教育实践活动领导小组组长刘云山强调，集中性教育实践活动是有期限的，但贯彻好群众路线是一个永恒课题。

这旗帜鲜明地向全党表明，群众路线教育实践活动没有休止符，贯彻好群众路线是党常抓常新的重要任务。

"如果管党不力、治党不严，人民群众反映强烈的党内突出问题得不到解决，那么我们迟早会失去执政资格，不可避免会被历史淘汰。"习近平总书记不止一次反复强调党的建设的重要性和紧迫性。"苟日新，日日新，又日新""流水不腐，户枢不蠹""知行合一"，中国的优秀传统文化也告诉我们，只有不断反思、不断改进、不断完善，不断践行，才不会被历史淘汰，才能可持续地发展壮大下去。

以习近平同志为总书记的中央领导集体在上任之初，就深刻意识到了贯彻好党的群众路线的重要性和紧迫性，第一时间启动了党的群众路线教育实践活动。这一系列活动，既有精神、理论层面的教育洗礼，更有物质、实践层面的贯彻落实。可以说，新时期党的群众路线教育实践活动，从一开始就定下了高起点和高标准。在具体贯彻过程中，也得到了全党上下一致认可和有效落实。一年多来，"八项规定"一出，全党上下焕然一新：从整治节庆公款送礼等不正之风，到整治"会所歪风"；从狠刹"舌尖上的浪费"到严禁党政机关到风景名胜区开会……党风政风为之一新，党心民心为之一振。

成绩已属于过去，挑战不曾减少。懈怠、诱惑、漏洞等一系列问题不会因为过去的成果而烟消云散。事实告诉我们，作风问题具有反复性和顽固性，抓一抓会好转，松一松就反弹。必须从全局出发，深刻认识贯彻党的群众路线的极端重要性和现实紧迫性。真正把党的生命线和根本工作路线始终不渝地坚持好，一以贯之地落实好。

"行百里者半九十"。当前，第二批教育实践活动陆续进入整改落实、建章立制环节，这是活动出成果、见实效的关键所在，也是容易落实不到位、出现"虎头蛇尾"的时候。"为山九仞，功亏一篑"，越是临近扫尾收官的时刻，全党上下越是要绷紧一根弦，劲儿往一处使。要清醒地看到，用作风建设的理想状态来衡量还有差距，一定要坚定信心、保持清醒，不断把作风建设引向深入。现在，人民群众普遍非常赞赏当前党政机关风清气正的良好生态，但最担心的还是不良作风反弹，最盼望的是把改进作风的好态势坚持下去。作为掌舵驶向伟大复兴中国梦的"中华巨轮"的中国共产党，尤其要树立常态化长效化的思想意识，坚持不懈开展作风建设，严格党内政治生活，强化宗旨意识。要健全常态化长效化的工作措施，把教育实践活动中的有效措施办法固化下来，融入党的建设经常性工作之中。

在新中国成立65周年之际，回顾历史，会更加深刻地领悟到群众路线对于党的重大意义。解放战争，是在千千万万劳苦大众用手推车、小木船的支持下取得胜利。改革开放，是在响应党的号召投身改革开放洪流的亿万中华儿女合力之下创造出的"中国奇迹"。毫不夸张地说，什么时候党牢牢抓紧了群众路线这条生命线，事业就不断发展壮大，从一个胜利走向另一个胜利。什么时候放松了这条生命线，事业就不可避免地遭受挫折和磨难。在苏联解体之际，苏共党员和苏联民众的冷漠和麻木为我们敲响着时时不忘加强自身建设的警钟。

"功崇惟志，业广为勤"，正如刘云山同志所说，"无论条件环境如何变化，无论形势任务如何发展，对群众路线的坚持都不能有丝毫懈怠"。实现"两个一百年"奋斗目标和中华民族伟大复兴的中国梦，需要锻造一支强有力的党员干部队伍，需要时时刻刻保持与人民群众的血肉联系，需要常抓不懈地与各种不正之风作斗争，而群众路线就是党强健自身、联系群众、攻坚克难的现实抓手和有力武器。

无论从哪个角度、哪个时期、哪个地区来说，党的群众路线教育实践活动都不会也不应当停歇，也永远没有休止符。

即将结束的教育实践活动，不是贯彻群众路线的终点，而是一个新的更高的起点。各级干部唯有从严上要求、向实处着力，才能担当起时代赋予的使命，不负党和人民的期望和重托。

2014 年 10 月 7 日

让监督的"探照灯"全天候

如果说绝对权力导致绝对腐败，那么不受监督的权力腐败起来则会肆无忌惮。实践表明，监督的力量虽然不能根绝腐败，但却能有效压制腐败。在预防和惩治腐败的进程中，很重要的一个着眼点就是构建全天候的监督体系，让"探照灯"无处不在，让腐败行为无处藏身。

"形成严密的法治监督体系"；"强化对行政权力的制约和监督，完善纠错问责机制。全面推进政务公开，坚持以公开为常态、不公开为例外原则，推进决策公开、执行公开、管理公开、服务公开、结果公开"；"加强对司法活动的监督，完善检察机关行使监督权的法律制度，加强对刑事诉讼、民事诉讼、行政诉讼的法律监督，完善人民监督员制度"，党的十八届四中全会对法治监督体系的建树着墨不少，为的就是在构建严密监督体系中，补牢法治监督这个重要板块。

事实上，在治国理政的进程中，我们党一直致力于建构一个健全严密的监督网。诸如党内监督、人大监督、政协监督、法律监督、社会监督等等，这些监督在预防和惩治腐败的进程中发挥了重要作用。但也要看到，党内监督、法律监督、社会监督这三个重要板块出现了一定程度的不健全、不完善，导致它们难以发挥到应有的威力，殊为憾事。

"上级监督太远、同级监督太软、下级监督太难"，这是人民群众对党内监督失灵的呼声。党内监督失灵有很多，但其中纪检监督在现实中的一度缺位，则是很关键的一环。如果这种制度性的监督失灵，就很容易使党内监督在事实上成为摆设。正因如此，党的十八届三中全会在体制上进行了理顺，提出"推动党的纪律检查工作双重领导体制具体化、程序化、制度化，强化上级纪委对下级纪委的领导。查办腐败案件以上级纪委领导为主，线索处置和案件查办在向同级党委报告的同时必须向上级纪委报告"等，为的就是从制度上规避同级监督太软等弊端。

然而也应当看到，即使党内监督健全，也不能代替法律监督。二者不仅分工不同，涵盖领域也不同。比如很多执法过程中的腐败，党内监督的"探照灯"一时很难照到。只有开启法律监督的探照灯，才能对诸如立法、执法、司法过程中的一些腐败行为、权力攫取不当利益等行为进行监督，管住乱伸的权力之手。这正是此次四中全会提出形成严密的法治监督体系的一个原因所在。

我们常说"群众的眼睛是雪亮的"，原因就在于人民群众处在社会生活的每一个细微场域，任何腐败分子要进行腐败活动，都离不开这个细微场域。正所谓"若要人不知，除非己莫为"，只要搞腐败小动作，就可能被人民发现，让你防不胜防，只有彻底收手，才会"半夜敲门心不惊"。这就是人民群众的监督，或称之为社会监督，或称为舆论监督。在完备的监督体系中，社会监督可以说是最出其不意的一个板块，也更具有某种因"不确定性"而带来的震慑性。"只有让人民起来监督政府，政府才不敢松懈"，任何时候，都不能缺了这一块，都必须加强这一块。而赋予社会监督的法律地位，也是全面推进依法治国的题中应有之义。

基于监督这个视域，党内监督、法律监督、社会监督，以法治的理念去强化，以法治的价值去引领，以法治的手段去保障，则监督这个"探照灯"就会发挥全方位的光亮，形成监督的"无影灯"。各级干部在这样的环境下干事,才会规规矩矩、老老实实、干干净净,更以清廉为价值、为信守。

2014 年 10 月 8 日

作风建设是贯彻群众路线的重要突破口

全党反"四风"，一大批违规违纪干部受到处分，人民群众拍手称快，各级干部的灵魂受到震撼。然而，在一些人的内心里，仍然对把"抓作风"作为理清千头万绪工作的一个切入点、作为贯彻群众路线的一个突破口而感到疑惑，心生抵触。这里面既有思想问题，也有认识问题。

身处历史新起点，党面临的改革发展任务十分繁重，各项工作的挑战性、艰巨性都在增加。同时，距离全面建成小康社会目标只有七年多时间。亿万人民的中国梦，已经是"看得见桅杆尖头了的一只航船"，但只有付出艰巨的努力我们才能抵达。"火车跑得快，全靠车头带"，各级干部如何发挥"领头羊"作用，带领人民一起前进？显然，没有为民、务实、清廉的作风，没有超强的执行力，就不可能担当起这些艰巨任务。避谈作风建设，奢谈宏图远景，就很容易陷入"不落实怪圈"，一切只是纸上谈兵。如此岂不辜负群众信任，凉了人民的心？

6月18日，习近平总书记在党的群众路线教育实践活动工作会议上指出：我们必须看到，面对世情、国情、党情的深刻变化，精神懈怠危险、能力不足危险、脱离群众危险、消极腐败危险更加尖锐地摆在全党面前，党内脱离群众的现象大量存在，集中表现在形式主义、官僚主义、享乐主义和奢靡之风这"四风"上。

我们要对作风之弊、行为之垢来一次大排查、大检修、大扫除。

总书记的讲话深刻揭示的是：党的各项工作，本质上讲都是群众工作。没有人民群众的支持和拥护，没有亿万人民激发"人人都是动车组"的共同力量，就什么都如泡影。因此，在新的时代条件下，贯彻群众路线只能加强，不能削弱。如何贯彻？如何加强？

关键就是作风建设。作风建设搞不好，群众路线就不可能贯彻好。这也就是为什么去年全党开展群众路线教育实践活动时，特别强调要以为民、务实、清廉为主要内容。

群众路线的内涵丰富，但实质是什么？是人心，民心。如果干部与群众之间隔着一堵无形的墙，心与心之间如何相印？从实际情况看，这堵无形的墙，就是干部的不良作风。在不少单位和部门，不良作风就像牛皮癣一样。从"吃拿卡要"，到公款大吃大喝、大肆铺张浪费，从对群众倨傲、摆官架子，再到欺上瞒下、搞千奇百怪劳民伤财的形象工程、政绩工程，着实伤了群众的心。

要做好群众工作，贯彻群众路线，前提就是解决情感问题。不良作风一度泛滥，带来了两个方面的隔膜：一个是一些干部对群众没有感情，一个是群众对这些干部失去信任。干部对群众没感情，要他去做群众工作、贯彻群众路线，他就必然会做做样子、浮在面上。群众对干部不信任，任凭你说得口干舌燥，群众就是漠然不动。干部与群众的情感不在一个频率上，怎么会产生共振？正是在这个意义上，作风建设成为贯彻群众路线的重要突破口，在全党掀起反"四风"风暴，才能把一些干部身上的污泥浊气、把干部与群众之间那些有形无形的障碍席卷而去，使心与心之间的距离不断接近，使血肉情谊不断深化。

可以说，此次群众路线教育实践活动仅用一年多时间，就以"抓铁有痕、踏石留印"的力度，将党内存在的形式主义、官僚主义、享乐主义、奢靡之风等群众深恶痛绝的问题进行了系统而全面的荡涤，收到了扎扎实实的效果：对"会所中歪风"和"舌尖上的浪费"

的扫除与治理，直接让不少曾使普通百姓望而却步的酒店饭馆"放下身价"，对"裸官"和"购物卡"的清退和清理，让人民群众一度失望和不平的情绪得到平复。从身边的街谈巷议到网络上的"点赞"叫好，人民群众对党和政府的信任与支持与日俱增。"老虎苍蝇一起打"的勇气与魄力，更让广大人民群众认识到，此次群众路线教育实践活动不仅是党员干部集体的一次"强身健体"，更是要对那些"沉疴积弊"做到对症治疗、药到病除。可以说，群众路线教育实践活动的贯彻落实，淋漓尽致地诠释了"行胜于言"的力量，让对此次活动满怀期待的人们倍感欣慰，让一度对此次活动存有疑虑的人们心悦诚服。

一年多来，群众路线教育实践活动的深入开展，深刻印证抓作风这一招，看似平淡，实则高明。一批干部受到惩处，各级干部普遍触动思想、触动灵魂，党风政风为之一新。老百姓慨叹党的好传统、好作风又回来了，愿意去接纳干部、支持干部。这些新气象表明，作风建设这个突破口抓住了，群众路线就开始春风化雨，润物无声地彰显在各项工作中。

2014 年 10 月 8 日

风清则气正，气正则心齐

中国人自古崇尚"清"。以清为高洁，以清为操守，以清为修养。正所谓"源澄而流清，源浑而流浊"。人们所以尚清，就在于清乃正气充盈之源、亦是万心归聚之泉。在全党历时一年多的群众路线教育实践活动，以丰硕的成果印证了这个道理。

习近平总书记在教育实践活动总结大会上强调："风清则气正，气正则心齐，心齐则事成。"并从五个方面生动概括了教育实践活动取得的重大成果。

"好传统又回来了""作风大变样了"……这些赞誉之词的背后，是人民群众从身边实在变化得出的实际感受。这也就是总书记在讲话里所肯定的："这次活动使党在群众中的威信和形象进一步树立，党心民心进一步凝聚，形成了推动改革发展的强大正能量。"

"人心是最大的政治"，民心是党的事业成败的关键所在。我们党的一切工作，是否得民心都是一个重要的判定标准。必须看到，像我们这样一个有着8600多万党员的执政党，党的风气如何，直接影响着社会风气，最终直接关系着民心。一些干部的不良作风，不仅是干部与群众疏远的体现，更像一堵无形的墙横在中间。正是在这个意义上，抓作风，就是祛歪风邪气、树清风正气，以打掉这堵无形的墙、归聚党心民心。

在8600多万党员中间开展的这场声势浩大的反"四风"活动，之所以被称为新时代的"整风"，就在于它使冰河开融、春风化雨，使党风政风为之一变，使干部思想灵魂为之一震。反"四风"活动更以其极大的正风肃纪刚性，使政治生态稳步向好、趋于良性循环。

正如习近平总书记所概括的，广大党员、干部精神上补了"钙"，不少人受到猛击一掌的警醒；通过大排查、大检修、大扫除刹住了"四风"蔓延势头，治好了一些干部的"亚健康"；脱去"隐身衣"，捅破"窗户纸"，相互批评不留情面，敢于揭短亮丑、真刀真枪、见筋见骨，点准了穴位，戳到了麻骨，开出了辣味；什么饭都敢吃、什么人都敢交、什么事都敢做受到节制了，"紧箍咒"勒紧了；打通联系服务群众的"最后一公里"，改作风改到群众心坎上。可以说，正是这些风"源"的由"浊"向"清"，带来了气"流"的由"邪"入"正"，最终收获了人民的齐心。

还必须看到，"风清则气正，气正则心齐"是一个循环往复、螺旋上升的过程。作风建设本如逆水行舟，不进则退。活动收尾不是收场，作风建设永远在路上，永远没有休止符。一旦撤去抓作风抓铁有痕的力道，一旦有了活动收尾可以歇口气的思想，"四风"问题就极有可能反弹，甚至带有报复性。唯有抓常、抓细、抓长，持续努力、久久为功，才会不断形成清风正气的大势，不断压缩歪风邪气的空间。这也正是习近平总书记作出从严治党"八项部署"的关键所在。

治国必先治党，治党务必从严。世间事，做于细，成于严。有"风成于上，俗化于下"的领导带头，有从严从实、踏石留印的抓作风精神，有每个党员干部自我净化、自我完善、自我革新、自我提高的自觉，我们何愁不能极大凝聚起13亿人民的磅礴力量，去实现无数人企盼的瑰丽梦想？

2014 年 10 月 10 日

反"四风"治好了党的"亚健康"

10月8日，习近平总书记在党的群众路线教育实践活动总结大会上发表重要讲话。为期一年多的党的群众路线教育实践活动基本结束，通过全力聚焦"四风"，强力反对"四风"，党的群众路线教育实践活动达到了预期目的，取得了重大成果。不少党员干部表示，反"四风"治好了自己的"亚健康"。其实，不止是普通党员，党作为一个整体也借着反"四风"治好了自己的"亚健康"。

人吃五谷杂粮，伤风感冒自是难免，"亚健康"的状态更是常见。与之类似，我们的党正面临来自内外环境越来越严峻的考验挑战，"亚健康"的问题也逐渐凸显出来。可以说，作风问题就是党"亚健康"问题的一个突出表现。影响我们党贯彻群众路线这一生命线的要害正是作风问题。其中，形式主义、官僚主义、享乐主义和奢靡之风这"四风"就是作风不正的突出表现。

一方面，这"四风"让有的领导干部疲于应酬、无心工作，让少数领导干部迈出了腐化堕落的第一步；另一方面，"四风"让人民群众与党员干部的距离越拉越远，门难进、事难办、脸难看成了某种常态。而更可怕的是人们对"冗长的会风""私用的公车""公款享乐"等歪风邪气习以为常，党在老百姓心目中的形象受到扭曲和抹黑。

"为政之道，在于安民。"可以说，党中央以反"四风"为突破口来治疗"亚健康"，是抓住了要害，查出了病灶，开对了药方。群众路线是党的生命线，保持党与人民群众的血肉联系，是党维护和巩固执政地位的根本所在。没有广大人民群众的拥护和支持，中国梦的早日实现也就无从谈起。

"有志者自有千方百计，无志者只感千难万难。"第一剂药，党中央通过此次活动坚定了广大党员干部的理想信念，在精神上补足了"钙"。理想信念坚定了，精神不再"缺钙"才能心不慌、气不骄，才能挺直腰板、堂堂正正。才能认识到人民是历史的创造者，我们党来自人民、植根人民，无论职位高低都是人民公仆，必须全心全意为人民服务，从而有了正确的是非观、义利观、权力观、事业观，党员干部自觉地把爱党、忧党、兴党、护党落实到了工作和生活上的方方面面。难事不再难，一大批积弊得到有效化解；问责不落空，一大批信访积案得到切实解决。

第二剂药，批评和自我批评的优良传统再次迸发出崭新价值。在层层开展的民主生活会上，上下级的界限被暂时放下，党员干部纷纷敞开心扉，打开天窗说亮话。越来越多人敢于揭短亮丑、坦诚相待。一时间，不痛不痒、阿谀奉承的话少了，真刀真枪、发自肺腑的话多了。思想受到洗礼、灵魂受到触动的党员干部抖擞精神、鼓足干劲，在告别"亚健康"的同时，积极努力做焦裕禄式的好干部。心为百姓想、人往基层跑、事为百姓办、钱往基层投成为一种"新常态"。在这个意义上说，批评和自我批评着实是保持党的肌体健康的有力武器。这件法宝，不光今天要用，以后更要多用、用好。

第三剂药，完善作风建设的制度体系，增加制度的约束力和执行力。邓小平同志不止一次提到，"制度问题不解决，思想作风问题也解决不了"。一次病治好了并不能高枕无忧，如果免疫系统不强，还是会经常生病。党的制度体系就是党自身的免疫系统，只有把制度的笼子扎紧，第一时间把"四风"消灭，才能保持长期的健康。从"八项规定"到"公车改革"，从"简政放权"到"法治反腐"，党坚持制度面前人人平等，不留"暗门"、不开"天窗"，维护和巩固了党纪国法的铁壁铜墙。任何还心存侥幸，寄托于现在可以松一口气、继续唯我独尊的人，只要想想制度体系的严肃性和权威性，就能很快打消这个念头。正如习近平总书记说的那样，"制度是硬约束，不是橡皮筋"，制度的框架一旦建构成型，就不允许半点的变通和反弹。

为了彻底肃清"四风"、治好党的"亚健康"，党中央开出的"三剂药"可谓一来药到病除，二来强身健体。广大人民群众感到领导见得勤了，办事不卡壳了，政策能落地了，能掏心窝子的党员干部多了。政府"三公"经费不仅公开了，更有了明细；"公车改革"破冰了，更有了细则。一时间风清气正，民心大振，党的"亚健康"被治好了。

"夫祸患常积于忽微，而智勇多困于所溺。"以作风问题为代表的"亚健康"看似不可怕，实则如蚁穴之于堤防，不可不治，不可不时时警惕。随着世情、国情、党情的不断变化，党要面对的问题将更加复杂、更加棘手。考验党的作风建设的风险和挑战不会少，需要党攻坚克难的硬仗也不会少。打铁需要自身硬，"亚健康"之下，开不好驶向中华民族伟大复兴的巨轮。只有时刻自我净化、自我完善、自我革新、自我提高，才能长期抵御"四风"的侵袭，永远保持清新阳光的健康风貌。

2014 年 10 月 11 日

"四风建设"从"不敢"到"不想"

家门口的"海参馆"悄然变脸成"饺子馆",洋奢侈品卖不动了,"衙门"里的人脸变和气了,公款吃喝乱开票变低调了,身边的"苍蝇"减少了……一年多来,无论是居庙堂之高的官员,还是处江湖之远的草根百姓,都感受到了官风和社会风气的悄然好转,越来越多的官员不敢触碰"四风"的"高压线"。而这,正应了去年年初习近平总书记的那句话:"抓铁有痕、踏石留印!"

从春华到秋实,再放眼未来,警钟依然长鸣。10月8日,习总书记在党的群众路线教育实践活动总结大会上发表重要讲话,全面总结一年多来"四风建设"取得的成绩,提出当前"四风建设"仅仅停留在"不敢"上,"不想"的自觉尚未完全形成,作风建设永远在路上,永远没有休止符。

纵观新中国历史,地不分南北,要求全国的高级别官员就某一主题召开全国性视频会议尚不多见。习总书记的讲话合民意、接地气,不仅被法新社等国际知名媒体关注,连日来被互联网、微信、微博热转,网友"点赞"不断,各大门户网站的评论、跟帖达数万条。

"不敢"表明,"四风建设"是动真格,刹住了许多人曾认为"不可能刹住"的歪风;"不敢"表明,中央决心坚定,对越界者露头便打,让"老虎""苍蝇"们噤若寒蝉;"不敢"表明,"四风建设"策略得当,以"点穴"手法精准出手,打到了作风问题的"七寸";"不敢"还表明,官风和社会风气因此出现"L"形转折,正气压倒了邪气。

"不敢"更是体现在"四风建设"的成绩单上，这被无数网民在朋友圈推荐：

比如，全国压缩会议58.6万多个，13.7万多项行政审批事项被取消、下放，对公款送礼、公款吃喝、奢侈浪费喊"停"，清理清退11.4万多辆公务用车，"三公"经费较活动开展前压缩530.2亿元……

又比如，全国查处涉及"吃拿卡要""庸懒散拖"问题者6万多人，查处公款吃喝、参与高消费4144人，查处办事刁难群众3761人，查处对群众耍赖账5万余人……

应当看到，"四风建设"现阶段成果的取得还处于"照镜子、正衣冠、洗洗澡"，还没有到"药到病除"的阶段。所谓"求木之长者，必固其根本；欲流之远者，必浚其泉源"，"四风建设"决不允许搞"曲终人散"，必须抓常、抓细、抓长。正如习总书记所说，要持续努力，久久为功，决不允许出现"烂尾"工程，决不能让"四风"问题反弹回潮。

不让"四风"问题反弹回潮，其关键是解决"不想"的问题。

从"不敢"到"不想"，这是一个从"被动"到自觉的过程。从个人来说，这需要从灵魂深处深挖，头脑中要有习总书记所说的"紧箍咒"，要有正确的是非观、义利观、权力观、事业观，"思想上的灰尘也要经常打扫"；从制度层面来说，其根本是要"从严治党"。只有按习总书记所说："坚持知行合一，不断让思想自觉引导行动自觉、让行动自觉深化思想自觉，才能抓得实、做得深、走得远。"

为此，习总书记对"从严治党"提出八点要求：落实从严治党责任；坚持思想建党和制度治党紧密结合；严肃党内政治生活；坚持从严管理干部；持续深入改进作风；严明党的纪律；发挥人民监督作用；深入把握从严治党规律。

"严"字当头，是对当前"为官不易""为官不为"新苗头的迎头痛击。如习总书记所说，对此"应当感到羞耻"，必须"严肃处理"，当前"主要倾向不是严了，而是失之于宽、失之于软，不存在严过头的问题"。

"严"字当头，就是要敢于"唱黑脸""当包公"，要严要求、动真格，真实抓、抓真实，紧紧围绕关键环节、重要部位、重点工作严督实导、持续用劲。

"严"字当头就是不让"四风建设"只是一阵风，不让风头过后"四风"问题"涛声依旧"，不让"牛栏关猫"的尴尬出现。

"四风建设"是一个永恒的命题，永远只有进行时，没有完成时。只有按照总书记所要求的"必须突出重点、聚焦问题；必须领导带头、以上率下；必须以知促行、以行促知；必须严字当头、从严从实；必须层层压紧、上下互动；必须相信群众、敞开大门"这"六个必须"去持之以恒，才能真正从根本上彻底解决好党的作风建设问题。

2014 年 10 月 11 日

叹"当官不易"者不宜为官

党的群众路线教育实践活动开展以来，随着反"四风"力度加大，随着党内党外对党员干部监督标准的不断"加码"，有一种"官不聊生"的说法悄然而兴。一些干部对此有共鸣，认为"管得严了，当官不易了"，当官当得"委屈"。有人以"当官不易"为借口，向组织上"半真半假"讲条件，似乎吃了什么亏，否则就撂挑子，躺倒不干。这种因为管得严就"为官不易"的论调，以及其背后蕴含的不良情绪、错误认识，不容忽视。在党的群众路线教育实践活动总结大会上发表的重要讲话中，习总书记98次提到"严"字，在这一个个"严"字中，就有对某些党员干部"怕严畏难""借难抵严"之类言行的批评与告诫。"严是爱，宽是害"，在反"四风"取得突破，渐次深入，党的作风建设持续进行仍在路上的当口，对各级党员干部提出不要动辄畏难的严格要求，习近平总书记从严治党，对各级党员干部的殷殷期望，越发显得意味深长。

摆正"当官"与服务的关系，是从严治党的题中应有之义。共产党人以全心全意为人民服务为宗旨，做人民的公仆，做人民的勤务员。中国共产党从建党开始形成的这一系列定义，奠定了今天"当官"的基本概念，规范了今天"当官"的基本要求。当官、当领导意味着必须身先士卒，必须吃苦在前，享受在后。做人民的公仆，意味着在人民群众有需要的时候，在人民群众反映这样那样问题的时候，各级干部必须毫不犹豫地挺身而出，"以百姓之心为心"，替民分忧，为民解忧。有了这样的公仆意识，秉承着为人民服务的宗旨，个人的生死荣辱都不在话下，何论"当官"的"难"和"易"？

让"当官"者在严格的法律法规、规章制度约束下勤勉尽职、不以为"难"，这其实是古今中外世界各国始终在研究探索的政治学课题。无论是中国古人"战战兢兢，如履薄冰"的清官标准，或是现代西方以竞选为标志的机制，都可以借鉴，却没有谁能把对官员外在的"严"与自身的"严"很好地结合起来。习近平总书记对此提出"三严三实"的要求，一再强调"领导干部要严以修身、严以用权、严以律己，谋事要实、创业要实、做人要实"。这样的要求，将党员干部的政治品格、做人准则、修身之本、为政之道、成事之要等等集中为一体，强调了"党的干部都是人民公仆，自当在其位谋其政，既廉又勤，既干净又干事"。这样的执政观念，从根本上解答了历史难题。"当官不易"，还是"不宜当官"，这样的考验亮了出来，黄金碎铜，一比可知。

2014 年 10 月 12 日

群众路线教育实践活动未有穷期

金秋时节，收获的季节。党的群众路线教育实践活动历经一年多时间，果实累累，亮出了一份漂亮的成绩单。

在全党深入开展党的群众路线教育实践活动，是以习近平同志为总书记的党中央贯彻党要管党、从严治党、使党始终走在时代前列、永葆党的先进性和纯洁性的重大战略举措，是为实现习近平总书记提出的"两个一百年"奋斗目标和中华民族伟大复兴中国梦的重大战略举措。一年多的实践表明，这次教育实践活动必要、及时，特色鲜明、成效显著，经验丰富、启迪重大，充满了党的建设与治国理政的创新精神，意义极其深远。

这次教育实践活动是在特定的时代背景下开展的。党的十八大后，以党的建设伟大工程推动中国特色社会主义伟大事业，成为一项必须优先考虑的重要任务。在执政60多年之后，共产党人面对什么样的挑战和考验，中国道路怎样走，改革开放怎样深化，种种崭新课题摆在全党面前。对此，习近平总书记说，办好中国的事，关键在党。执政党有什么样的精神状态，一个国家就展示什么样的状态；执政党有什么样的作风，一个社会就呈现什么样的风气。他明确指出："党的作风就是党的形象，关系人心向背，关系党的生死存亡。"他明确要求，全党必须警醒起来，打掉横亘在党和人民群众之间的无形的墙。总书记的决策，掀开了群众路线教育实践活动的大幕，开始了一次中国共产党建党90多年来规模最大的"新整风"，迈开了党的思想、组织、作风建设，以及党的形象重塑的新步伐。

全心全意为人民服务，紧紧依靠群众，密切联系群众，坚持同人民在一起，"以百姓心为心"，这是中国共产党的"红色基因"，是党百战功成、事业长久的根本保证。因此，习近平总书记一再强调，"始终把实现好、维护好、发展好最广大人民根本利益作为一切工作的出发点和落脚点，让发展成果更多更公平惠及全体人民"。要求教育实践活动始终围绕群众路线这个主题，关注人民群众最关心、反映最强烈的问题，"把为民务实清廉的价值追求深深植根于全党同志的思想和行动中"。正是有了如此清晰的目标要求，一年多来，以"八项规定"为突破口，以作风建设为重点，以整顿"四风"为主要目标，以解决问题为检验标准，"要对作风之弊、行为之垢来一次大排查、大检修、大扫除"。经过一年多的努力实践，党的政治生态得到一次"集中净化"，党的纪律更加严格，党内生活更加规范，党风正气鼓荡激扬，全党上下气象为之一变，变得更清新、更强大、更加生机勃勃、更有凝聚力了。老百姓说，"党员像党员了""党员让人信服了"，这是对教育实践活动成果最朴实最可信的评价。

这次党的群众路线教育实践活动形成了丰富宝贵的、值得认真总结的经验。以上率下，领导垂范，以高度的政治自觉和强烈的忧患意识推动全党深入开展群众路线教育实践活动，是非常重要的一条经验。一年多来，习近平总书记从亲自发出动员令，到率领中央政治局制定并带头落实关于改进工作作风、密切联系群众的"八项规定"；从亲身深入联系点，参加专题民主生活会、全程指导教育实践活动，到每一个关键节点和环节多次发表重要讲话、作出重要批示，有超前的谋划部署，有具体的行动示范，有细致的工作指导。作为新一代党的总书记，习近平总书记从严治党，以身作则，体现了党中央抓好作风建设的坚定决心，极大增强了全党搞好教育实践活动的信心，为教育实践活动的深入推进和取得实实在在的成效提供了强有力的领导保证。

切实加强和改进党的作风建设，切实保持党同人民群众的血肉联系，道理明白，却知易行难。想一想一年多之前党面临的那些人民群众反映强烈的问题，想一想积重难返的"四风"问题和令人痛恨的腐败现象，想一想当时一些党员干部的精神状态以及党内党外的种种忧虑，谁敢预言教育实践活动会取得今天这样的成果？然而，习近平总书记"讲认真""有担当"，不怕碰硬，敢于碰硬，真抓实干，务求实效，带领全党同志除积弊、树新风，锤炼了执政党的党纪党风，焕发了全社会的新风新貌。这种抓铁有痕、踏石有印、善做善成的求实精神和领导风格，为全党树立了榜样，成为让人民群众敬服的领袖人格魅力，并将为全面深化改革凝聚起强大的精神力量。

党的作风建设是永恒的课题，作风建设永远在路上。教育实践活动有期限，加强作风建设无尽期。习近平总书记指出，作风问题具有反复性和顽固性，抓一抓会好转，松一松就反弹，不可能一蹴而就、毕其功于一役，更不能"一阵风"、刮一下就停。因此，他明确指出，要建立抓作风的长效机制，要建立健全管用的体制机制。建立健全这样的长效机制，必须坚持教育与实践并重，切实解决世界观、人生观、价值观这个"总开关"问题。要在教育实践活动"醒脑""祛病"的基础上，进一步"补课"，加强精神上的"补钙"。要使为民、务实、清廉成为党员干部牢牢坚守的价值追求和行为准则。同时，必须建立健全一整套管用的规章制度，强化制度执行，增强刚性约束，将党的作风建设长效机制与推动国家治理体系和治理能力现代化紧密结合为一体。

在西方某些研究政治学的学者看来，中国共产党能够由小变大、由弱变强，能够长期执政、独树一帜是一个难解之"谜"。或许，当他们深刻了解了中国共产党有着群众路线这个"传家宝"，而且这个"传家宝"将不断发扬光大成为中国治国理政的重要实践时，他们就会有了答案。

　　"战斗未有穷期，同志仍需努力。"改进党风政风有了良好开局，更加丰硕的成果就在前头。

2014 年 10 月 20 日

法治中国离不开党纪保驾护航

党的十八届四中全会审议通过的《中共中央关于全面推进依法治国若干重大问题的决定》，将依法治国 17 年的历程推向新的高度。

引人注目的是，《决定》指出，形成完善的党内法规体系是组成中国特色社会主义法治体系四大要素之一。同时强调，党的领导是社会主义法治最根本的保证。

"善为国者必先治其身。"无数历史经验已经证明，党的纪律与党的规矩，是依法治国的有力保障。作为执政党，只有按照四中全会公报中提出的，"加强党内法规制度建设，完善党内法规制定体制机制，形成配套完备的党内法规制度体系，运用党内法规把党要管党、从严治党落到实处，促进党员、干部带头遵守国家法律法规"，才能锻造出领导建设法治中国的中流砥柱。

没有懂法守法的法治体系建设者，法治中国的建成只能是空中楼阁。党纪党规在党推动自身建设的同时，也同时构建了保障依法治国不断推进的有效机制。近十年来，党陆续颁布或修订了《党内监督条例》《纪律处分条例》《党员权利保障条例》《领导干部廉洁从政若干准则》等党内规章，从政治生活的方方面面严格约束党员领导干部，倡导法治精神，推动法治精神内化于心、外化于行，构成了促使党员干部自觉推动法治建设的硬约束。

"正其身者，方能正人。"当前，党纪党规不断加强完善的重要意义还在于，对党员领导干部提出了更高更多甚至更为严苛的要求。

这对巩固党的执政地位、提高党的执政能力必不可少。"树德莫如滋，除害莫如尽"，只有力度严于国法、标准高于国法，才能保持党的先进性，保证党的事业有不竭力量得以发展壮大。

党的十八大以来，被调查省部级以上官员达50人，到2014年7月底，近6.3万名党政官员被查处。除了"老虎苍蝇一起打"的严格与魄力，党更是将从严治党落实到了方方面面。在反"四风"中，10万余人主动上交"红包"及购物卡、涉及金额5.2亿元，还跟进查处2550人。在"吃空饷"专项整治中，共清理清退"吃空饷"人员16.2万多人。从禁止大操大办宴请聚会到严格控制节庆期间的贺卡、月饼；从改善工作作风、工作态度到遏制铺张浪费，事无巨细，党纪党规皆进行了严格要求和约束。这种严于律己的党纪约束，不仅保证了党的队伍的先进性和纯洁性，还获得了广大群众的交口称赞。

党纪党规的存在，就是让每一位党员铭记自己肩上的责任和特殊的使命。正是有党纪党规对党员群体的严格要求，人民群众才能对党领导人民建设社会主义法治体系心悦诚服、众志成城。《决定》指出，依法执政，既要求党依据宪法法律治国理政，也要求党依据党内法规管党治党。党纪国法既是组成中国特色社会主义法治体系的有机整体，也是相得益彰、相辅相成的共同体。在当前依法治国进入新时期新阶段的背景下，尤其需要明确党纪党规的严肃性、必要性和重要性。建设法治中国离不开党纪保驾护航。

2014 年 10 月 26 日

刚性法纪给"四风"戴上紧箍咒

　　党的十八届四中全会作出《关于全面推进依法治国若干重大问题的决定》，强调了一个鲜明的理念——"依规治党"。日前召开的十八届中央纪委四次全会则立即体现出落实四中全会精神，依据党内法规从严治党的强烈信号。

　　"依法执政，既要求党依据宪法法律治国理政，也要求党依据党内法规管党治党""形成完善的党内法规体系""继续做好作风整改工作，继续做好从严治党工作"。就在这次全会上，确认了中央政治局之前作出的给予李东生、蒋洁敏、杨金山、王永春、李春城、万庆良开除党籍的处分。中央纪委四次全会则发出了保持反腐高压、修订党内法规、关注政治纪律的响亮声音。在 10 月 8 日召开的全党群众路线教育实践活动总结大会上，交出了一份反"四风"实实在在的成绩单。如果套用百姓俗语"十月是收获的季节"，这个 10 月无疑是我们党坚持从严治党的一个重要转折点，它既意味着我们党收获了反"四风"的果实，又意味着我们党开始了从严治党再出发，迈上依法依规管党治党的新征程。

　　一年多来的坚持"铁八条"、坚决反"四风"，不仅累计查处违反"八项规定"精神的问题 5 万多起，7 万人受到处理，2 万多人受到党纪政纪处分，更建构完善了一大批制度，使党规党纪的制度篱笆扎得更紧、织得更密。正如习近平总书记在教育实践活动总结大会上所说，"扎紧了制度笼子，强化了对不良作风的刚性约束，按规矩办事、按规矩用权意识显著增强，越界犯规行为减少"。可以说，教育实践活动重大成果的取得，一个重要方面就是源于制度的刚性力量。

然而，也必须看到，一年多的教育实践活动，只是对全党改进作风有了一个良好开端。习近平总书记分析得极为深刻：作风有所好转，"四风"问题有所收敛，但树倒根存，有些是在高压态势下取得的，仅仅停留在"不敢"上，"不想"的自觉尚未完全形成。正因如此，习近平强调作风建设永远在路上。从实践看，推动"不敢"向"不想"的转化，关键变量就是严密长效的制度机制。通过这种"带电高压线"的不断刺激，使各级干部在内心里产生制度敬畏和遵从，进而内化为心理认同与自觉行为。

近些年，一批党内法规得到清理，一些党内法规得以重新明确，教育实践活动中又建树了《党政机关厉行节约反对浪费条例》等有关党内法规，这一连串动作表明我们党把法治理念引入党内、坚持管党治党要依规的坚强决心。围绕加强党内法规制度建设、形成完善的党内法规体系，中央纪委四次全会不仅提出了明确的目标——着重规范政治纪律、组织纪律，做到要义明确、简明易懂、便于执行；还定下了"时间表"——确保到建党 100 周年时，建成内容科学、程序严密、配套完备、运行有效的党内法规制度体系。四中全会作出《中共中央关于全面推进依法治国若干重大问题的决定》，既是我们党在新的时代条件下对治国理政作出的法治顶层设计与战略部署，又是我们党坚持从严治党的法治遵循，更是一个系统性的遵循。表明坚持依规治党理念被提升到了一个新的高度，也必将在一个全新的层面上产生新的刚性力量。

历史和现实表明，作风问题就是横在党和人民群众之间的那堵墙。拆除这堵墙，靠道德教育，更要靠法治。通过刚性的党规党纪给不良作风套上"紧箍咒"，法治的理念、守纪的意识才会在各级干部内心里生根，进而变成行动的准则。也正是在这个意义上，我们党就会完成"依法执政"的飞跃，达到一个崭新的境界。

2014 年 10 月 27 日

对县委书记的政治重托

今天上午，习近平总书记在人民大会堂，与 206 名参加中央党校县委书记研修班的学员座谈。

这是一次富有历史意义的座谈——在人民共和国的历史上，党的总书记第一次与这么多的县委书记直接交心、深入恳谈、会心交流。这样的座谈，突破了人们心中设定的政治层级，凸显了县委书记在中国发展中的关键作用，传递了总书记对县委书记工作高度重视的信息。这让人们明确意识到，县级政治主官在中国发展中发挥作用的极端重要性。这次座谈，是习总书记对县委书记的政治嘱托。

在中国现行党政层级架构中，县一级党政机构具有特殊的地位、发挥着重要的作用。古有"郡县治，天下安"之说。这一说法对今天的县政中国来讲，同样成立。中央机构主要着力在国家发展的顶层设计上，省级、地（市）级机构解决的问题主要是一个幅度较大的区域范围的共同事务。唯有县级机构，发挥着三个不可替代的作用：承接中央与省地方针政策、重要举措而加以落实；与民融汇，直接发挥地方治理的指挥棒作用；作为地方主官，决定党政机构的领导绩效，塑造党政机构的工作形象，影响社会公众的信任程度。这三个问题解决好了，党和国家的事业就兴旺发达；解决不好，党和国家的事业就面临严峻的挑战。

习总书记与县委书记的座谈，正是他一直将县级政治置于国家治理重要位置的体现。这与他担任过县委书记的经历，有着直接的关系。但更与他对现代化国家治理体系中县委书记重要地位与作用的战略意识，紧密联系在一起。作为中国现代化国家治理体系的顶层设计师，习总书记对县级政治发挥的政策传递、区域功能、治理绩效高度重视。县委书记，主政一方，他是否具有自觉的政治责任意识、是否能够发挥主导一方发展的引领作用、是否可以承当一方群众的信任获得政治认同、是否能够保证公权公用克己奉公而发挥班长功能，都对中国的现代化治理发挥着成败分流的巨大影响。

县委书记是中国基层治理的领导中坚，政治责任与社会责任聚于一身。基层兴，则国家兴；基层败，则国家衰。习总书记与县委书记座谈中，循循善诱、谆谆告诫，以"四有"为核心，导之以使命感、责任感、自律性。总书记对县委书记的政治嘱托，跃然纸上、力透纸背——"心中有党"说的是政治使命，"心中有民"谈的是社会责任，"心中有责"论的是岗位职责，"心中有戒"话的是谨言慎行。主政一方的县委书记，如能做到这四点，中国的现代化治理就夯实了基础、坐实了目标、保证了绩效。

"得一官不荣，失一官不辱，勿道一官无用，地方全靠一官；穿百姓之衣，吃百姓之饭，莫以百姓可欺，自己也是百姓。"习总书记诵出的这一对联，非常准确地定位了县委书记的位置与责任。今天参加座谈的县委书记自会觉察，总书记的重托，沉甸甸之余，更富殷殷之情。

2015 年 1 月 12 日

以"四有"标准问心问行

"做焦裕禄式的县委书记，始终做到心中有党、心中有民、心中有责、心中有戒"。反复回味习近平总书记在与县委书记的座谈会上发表的重要讲话，认真思考习近平总书记近年来关于培养选拔干部所做的一系列重要指示，深感意义重大。

伟大的事业需要崇高的精神来支撑，社会的文明进步需要榜样的示范和引领。广大干部的培养、成长，同样需要标兵标杆式的人物作为楷模。过去，我们曾有焦裕禄那样的县委书记的榜样，人们至今依然记得他们在艰难岁月中，筚路蓝缕奋斗献身的感人事迹。进入新时代的今天，我们又看到高德荣这样的全国党员干部的一面旗帜，并为他们所展现出来的榜样力量而感动。

中共中央政治局常委刘云山看望高德荣报告团成员时说：党员领导干部向高德荣同志学习，就要认真践行"四有"要求，做到不忘恩、不忘本、不懈怠、不妄为。焦裕禄、高德荣的经历有所不同，所处的时代不同，所在地区不同，所面临的困难和具体承担的工作任务不尽一致，但他们身上有一个闪闪发光的共同点，那就是能够在不同的岗位上，始终践行"心中有党、心中有民、心中有责、心中有戒"的要求，始终保持着党员干部不忘恩、不忘本、不懈怠、不妄为的本色，以小中见大的平凡工作处处展现着共产党人的精气神，用大音希声般的默默奉献向全社会传递向上向善的正能量。

"心中有党、心中有民、心中有责、心中有戒"，十六个字言简意赅，有着丰富的内涵。"心中有党"，就是要信念坚定，信仰坚定，就是要在党言党、在党忧党、在党为党，勤勤恳恳干事创业，不辜负党的教育培养，矢志不渝地不懈奋斗。"心中有民"，就是要牢记宗旨，时刻不忘把人民放在心里、把百姓当作亲人，切实解决好"为了谁、依靠谁、我是谁"的问题，全心全意为人民服务。"心中有责"，就是要勤政务实，敢于担当，真抓实干，善始善终。以奋发有为的精神，以"功成不必在我"的境界，不断开拓进取。"心中有戒"，就是要树立正确的权力观，敬畏权力、管好权力、慎用权力。

许多落马贪官都有过"恨不当初"的悔意。追本溯源，无不是没有坚守"四有"标准。如果心中有党、心中有民、心中有责、心中有戒，就绝对不会贪，不敢贪，不想贪。就一定会始终坚守政治底线，守纪律、讲规矩，清清白白做人，干干净净做事，坦坦荡荡为官。

习近平总书记说，我们的国家正在进行具有许多新的历史特点的伟大斗争。要实现中国梦，要完成"两个一百年"奋斗目标，"关键在党，关键在人"。习近平总书记从战略高度出发，思考着"怎样是好干部""怎样成长为好干部""怎样把好干部用起来"等长远大计。如今，他明确提出"心中有党、心中有民、心中有责、心中有戒"，对于高素质的好干部的相关标准问题，给出了关键解答和生动诠释，再一次表达出他对于干部队伍建设、人才队伍建设的深切希望。严格坚守这样的标准，必能成为伟大事业所需要的优秀干部，必能为伟大事业作出应有贡献。

2015 年 1 月 28 日

政治生态靠什么实现山清水秀

今年两会上，习近平总书记在先后参加江西代表团和吉林代表团审议时，都谈到了"政治生态"问题："要着力净化政治生态，营造廉洁从政良好环境""政治生态污浊，从政环境就恶劣；政治生态清明，从政环境就优良"。

这并不是总书记首次强调政治生态问题。从公开报道看，去年"七一"前夕，习近平总书记在中央政治局第十六次集体学习时就强调：加强党的建设，必须营造一个良好从政环境，也就是要有一个好的政治生态。此后在多个重要场合都有阐述。这表明，净化政治生态已经成为管党治党的一个重大目标，清明的政治生态是治国理政必需的健康环境。

这两年，正风反腐之下，不少干部的违纪问题受到查处，一些"老虎苍蝇狐狸"被抓。其中一个突出现象是，有的地方歪风邪气泛滥，有的地方呈现塌方式腐败。这说明，这些地方的政治生态出了问题。在这样的生态环境下，想当好干部不容易，想变坏很容易。诚然，无论在什么样的环境下，都有出淤泥而不染者，个人的党性修养与境界觉悟使其不受环境影响。但必须正视，即使这样的高洁之士，身处这样的政治生态，也会感到生存环境恶劣，为官从政干事步履维艰。与此同时，人是容易受环境影响的。一些随波逐流、信念不坚定者，便对歪门邪道、歪风邪气趋之若鹜。任由这种生态恶化下去，结果便是坏干部当道，好干部叹气，"劣币驱逐良币"。如此环境之下，党和国家的事业怎能发展？人民的利益怎能得到维护？

这两年，从"铁八条"反"四风"，到"老虎""苍蝇"一起打，如此强力正风反腐，目的也就是为了重构政治生态。反腐不搞特区、禁区、盲区，不允许有什么"铁帽子王"存在，搞歪风邪气的发现一起查处一起，如此高压态势之下，一些行为不端、搞权钱交易的人受到震慑和查处，使党风政风为之一清、党心民心为之一振，使政治生态明显好转。政治生态的重构与净化，已经处于关键阶段。光明前进一分，黑暗就后退一分。当此之际，就是要不断巩固净化政治生态成果，把歪风邪气的势彻底打下去，使清风正气的势不可逆地涨起来。

在参加江西代表团审议时，习近平总书记还指出，"自然生态要山清水秀，政治生态也要山清水秀"。这一生动形象的类比，道出的也正是重构政治生态的实质。政治生态不仅要治标，下大气力拔"烂树"、治"病树"、正"歪树"，更要治本，注重源头治污，着手建立一套不敢腐、不能腐、不想腐的自我净化系统。这套系统，从党的十八大就开始着手建立。但正如习近平总书记在十八届中央纪委五次全会上所说，"反腐败斗争形势依然严峻复杂，主要是在实现不敢腐、不能腐、不想腐上还没有取得压倒性胜利"。可以说，这套自我净化系统的建立也正处于关键阶段，这套系统正是政治生态山清水秀的运行机制，让这套系统良好运行并发挥作用，我们只能赢不能输。

习近平总书记在教育实践活动总结大会上强调"坚持思想建党和制度治党紧密结合"，不敢腐、不能腐、不想腐的体制机制，最终都是要作用到思想和灵魂深处，制度才会真正实现生命力的生长，思想建党的目标也才会实现。面对腐败，在思想灵魂深处如何产生"不敢"的反应？如何激发"不能"的自觉？如何形成"不想"的素养？在思想和行动中回答了这个课题，山清水秀的政治生态就会良性构建。另一方面，面对政治生态，不能成为无动于衷的看客和唉声叹气的怨怼者。每一个干部都不断向好的方向自我改变，政治生态就会加速向好。当山清水秀成为政治生态的常态，整体从政环境就会清朗起来，各级干部乃至全党全国，都将从好的政治生态中受益。

2015 年 3 月 11 日

不严不实，万事难成

　　"严以修身、严以用权、严以律己；谋事要实、创业要实、做人要实"。近日，党中央决定在县处级以上领导干部中开展"三严三实"专题教育。消息传出，引发公众的极大关注与期待。

　　"三严三实"，用最朴实的语言，讲了最基本的道理，涉及的却是党的各级领导干部如何树立和发扬好的作风，如何确立和严守政治纪律、政治规矩的大问题。回顾历史，中国共产党从星星之火诞生发展，经历过无数血雨腥风艰难困苦，直到打下江山建立政权，靠的是正确的思想理论、路线方针，同时靠的是始终不懈地坚持"严"与"实"的组织作风，形成了讲"严"求"实"的治党理念和政党风格。"世界上怕就怕认真二字，共产党就最讲认真。"这种"认真"，既是中国共产党的严密组织、严格纪律展现出来的不同以往其他政党的战斗力所在，更是共产党人严于律己，脚踏实地，服务人民，取信于民的魅力与凝聚力的根本。

　　习近平总书记在党的十八大刚刚结束会见中外记者时磊落坦言："新形势下，我们党面临着许多严峻挑战，党内存在着许多亟待解决的问题。"两年多来，党中央强力反腐败，强力纠"四风"，大抓密切联系群众路线教育，种种举措，成效明显。然而，贪污腐败、脱离群众、形式主义、官僚主义等等的现象和问题积弊颇深，并不是一蹴而就可以轻易解决的。正如广大党员和广大群众所担心的，反腐败、纠"四风"、党的作风建设会不会走过场？现在人们看到，习近平总书记不仅提出"三严三实"的要求，并且多次强调践行"三严三实"的重要性、迫切性，让人们心里亮堂了，踏实了。

"三严三实"是每个干部为官履职必不可少的"内功"，是检验其事业心、责任心以及工作能力的"标准"，尤其是衡量每一个干部面对党和人民的期望托嘱何以自处、如何行事的"试金石"。按照"三严三实"的要求去努力，党和人民将会放心满意。反之，如果有人缺乏应有的思想认识，缺乏对党对人民高度负责的态度，凡事"不严不实"，以为可以在官场上轻松惬意"混下去"，整天松松垮垮稀里糊涂，那么，其结果只能是误事业，害自己，万事难成。

开展"三严三实"专题教育活动，就是在党的作风建设已经取得成绩的基础上，"再添把火、再加把力，巩固和拓展教育实践活动成果，把作风建设良好态势保持和发展下去，使好的作风成为党员干部的思想自觉和行为习惯。""三严三实"是党多年来优秀传统的继承发扬，是习近平总书记治国理政鲜明风格的体现。仔细解读"三严三实"的具体内容，人们会强烈感受到，"作风建设永远在路上"绝非空话，"从严治党"确实是长期任务，"发扬钉钉子精神，保持力度，保持韧劲"显示出党要管党的钢铁般意志。

2015 年 4 月 30 日

干部能上能下　关键是能下

　　"既要把党和人民需要的好干部选准用好，又要把那些存在问题或者相形见绌的干部调整下来""保证能者上、庸者下、劣者汰，形成良好的用人导向和制度环境"，中央政治局 6 月 26 日审议通过《关于推进领导干部能上能下的若干规定（试行）》，是我们党历史上首次从制度法规层面就干部能上能下问题作出的重要规约，彰显我们党全面从严治党、从严管理干部的坚定决心。

　　从协调推进"四个全面"战略布局看，这是激发干部活力、促进狠抓落实的关键一招。实现"不让一个人掉队"的全面小康，啃掉硬骨头打通变革通道，加快建设法治中国，锻造现代中国的坚强领导核心，归根到底都需要一支高素质、高效能、高品格的干部队伍，把"运筹帷幄"的决策化成"决胜千里"的现实。因而，协调推进"四个全面"，就必须抓住领导这个关键少数，释放狠抓落实的制度动力。"党要管党，首先是管好干部；从严治党，关键是从严治吏"，从现行干部管理制度体系看，更多注重的是把好干部选准用好，简言之是"优胜"，但并没解决"劣汰"的问题。除非因违反法纪而受惩处，那些平庸顽劣者、有唱功无做功者、尸位素餐当"公堂木偶"者、搞歪门邪道者、习惯当"三拍干部"者仍然能够"平平安安占位子，舒舒服服混日子"。要推进国家治理体系和治理能力的现代化，就必须首先完成干部管理的现代化转型，给干部织密织牢从严管理、互相衔接、不留死角的制度笼子。推进干部能上能下，也正是"将合适的人请上车，不合适的人请下车"的现代管理理念所向与大势所趋。

从坚持"三严三实"要求看，这是撬动干部从严从实修身、为政、成事的一根杠杆。"三严三实"是90多年来我们党从胜利走向胜利的一条重要经验，是无数优秀共产党人品格的集中概括，是新时代各级干部提升素养、担当使命的必修课。促使干部自觉践行"三严三实"要求，不能止于理念的倡导，更要有制度的驱动。让干部不仅能上还要能下，就从根本上打掉了滥竽充数也能坐享安逸的幻想，抽掉了在其位不谋其政也能舒服躺卧的"底板"，给各级干部内心里安上了一条鞭策、激励的鞭子。修身、为政、干事不以严以实，不去为人民殚精竭虑、踏实干事，就有被清除出干部队伍的危险。

从治理懒政庸官角度看，这是解决为官不正、为官不为、为官乱为等问题的"带电"高压线。正如此次会议所指出的"推进干部能上能下，重点是解决能下问题"，面对庸劣者居位而无惩治之策，面对为官不正、为官不为、为官乱为而无系统解决良方，其结果必然是庸劣者能入难出，使干部队伍越来越失去活力，走向平庸化、无能化，如同没有源头清水、活水的一潭死水，逐渐混浊污化。用什么人是导向，不用什么人也是导向。只有这两个导向都发挥效用，干部队伍方能始终处在活水循环状态。

把"政治上不守规矩、廉洁上不干净、工作上不作为不担当或能力不够、作风上不实在的领导干部"调整下来，就会产生"倒逼效应"，警示那些庸劣者要么让位、要么干事增能。把那些"忠诚、干净、敢于担当的干部，想干事、能干事、干成事的干部"用起来，就会产生"激励效应"，诚如习近平总书记所言："用一贤人则群贤毕至，见贤思齐就蔚然成风。"

今天的中国，已经驶入历史的新场域，我们面临可以预料的困难，也面临许多未知的风险。无论是主动适应和引领经济发展新常态，还是继续啃硬骨头把改革引向纵深；无论是破解转型升级中的难题，还是解决群众面临的实际问题，莫不呼唤干将、闯将，莫不要求淘汰庸才劣辈。推进干部能上能下，让能者上、庸者下、劣者汰，做到真管真严、敢管敢严、长管长严，才能锻造新时代的好干部，促使各级干部担当大任，不负人民。

2015 年 6 月 29 日

"做四种人"是党员干部的价值新标杆

在中国共产党成立 94 周年前夕，习近平总书记在北京亲切会见全国优秀县委书记，代表党中央向受到表彰的全国优秀县委书记表示热烈祝贺，向全国广大共产党员和党务工作者致以节日的问候，并明确要求广大县委书记要"做政治的明白人，做发展的开路人，做群众的贴心人，做班子的带头人"。这既是对县委书记重要作用和贡献的充分肯定，更是着眼党和国家事业发展全局，着眼协调推进"四个全面"战略布局而对党员干部提出的鲜明价值标准，对县委书记乃至广大党员干部的期望之殷切字里行间处处可见。

"做四种人"是担起使命的衡量标尺。今天的中国，正处在迈向中华民族伟大复兴的关键节点上，担起时代赋予的神圣使命，带领亿万人民实现中国梦，是各级党员干部义不容辞的责任。"郡县治，天下安"，在党的组织结构和国家政权结构中，县一级处在承上启下的关键环节，县委书记担当使命责无旁贷。能不能成为政治上的明白人、发展上的开路人、群众的贴心人、班子的带头人，是判断县委书记能否担当重任的重要标准，也是衡量各级党员干部是否尽责的重要标尺。只有头脑始终清醒、立场始终坚定，才能确保正确政治方向。只有为官一任、造福一方，中国这艘航船才会稳步前行。只有心系群众、热爱群众、服务群众，我们所要抵达的目标才是人民的向往。只有率先垂范、以上率下，才能带动广大基层干部始终保持同群众的血肉联系。

"做四种人"是落实中央部署的行为准则。习近平总书记曾经强调："如果不沉下心来抓落实，再好的目标，再好的蓝图，也只是镜中花、水中月。"崇尚实干、狠抓落实必须成为各级干部的基本品质。县委作为党执政兴国的"一线指挥部"，县委书记作为"一线总指挥"，在落实中央决策部署中处在极为重要的位置。政治上糊涂，认不清方向，不对党忠诚，如何落实？适应和引领经济发展新常态，推进改革闯关夺隘，迫切要求广大干部尤其是县委书记勇当"开路先锋"。中央的决策部署，最终指向的都是人民群众的根本利益。广大干部尤其是县委书记如果不能成为群众的贴心人，不能带头落实，又怎么能把中央的决策部署落到人民的心坎上？唯有以"做四种人"作行为准则，始终干在实处，走在前列，才能不负总书记的期望。

"做四种人"是强化治理能力的基本素养。推进国家治理体系和治理能力现代化，是全面深化改革的一个总目标。在我们这样一个13亿人口的大国长期执政，需要什么样的治理能力？这是时代提出的重要课题。县委书记是党在县域治国理政的骨干力量，在强化治理能力方面更为紧迫，要求更为鲜明。"做四种人"要求从政治、发展、群众、表率四个方面提出了强化治理能力的标准，是广大党员干部尤其是县委书记必须锻造的基本功，也是广大基层干部锤炼自己、不断成长成才的重要路径。

在年初的见面中，习近平总书记给县委书记提出了"四有"要求：心中有党、心中有民、心中有责、心中有戒。如果说这是对县委书记从"内优"方面提出的修养要求，那么"做四种人"则是对县委书记从"外胜"方面提出的行为规约。具备"四有"，成为"四种人"，广大县委书记和党员干部才会不辱使命，不负人民，无愧历史。

2015 年 7 月 1 日

让"四风"从"不敢"转为"不想"

——一论贯彻"三严三实"

"为之于未有，治之于未乱"，这是历史的启示，更是我们党永远立于不败之地的重要经验。党中央在县处级以上领导干部中开展"三严三实"专题教育，为的正是乘胜追击"四风"问题，让"四风"从"不敢"逐渐向"不想"转化。

贯彻"三严三实"是思想建党的重要路径。思想建党需要不断创新，思想灰尘需要不断清扫，思想境界需要不断升华。严以修身、严以用权、严以律己；谋事要实、创业要实、做人要实，从两个层面指出了升华境界的途径，从六个方面指明了清扫灰尘的办法，是各级干部的修身之本、为政之道、成事之要。从思想建党方法看，既着眼战略又着手战术，同时把复杂问题具体化，使广大党员干部既拥有自我判断的标尺，又掌握现实针对的自我警示内容。用权严不严？做人实不实？每日一问而遵从内心则必有答案。循着贯彻"三严三实"的路径，定能攀登思想建党的峰顶。

"三严三实"是根治"四风"问题的良方。习近平总书记在教育实践活动总结大会上指出："作风有所好转，'四风'问题有所收敛，但树倒根存，有些是在高压态势下取得的，仅仅停留在'不敢'上，'不想'的自觉尚未完全形成。"如何促进"不敢"向"不想"转化？如何扩大好势头、压住坏风头以形成更好的"势"？一旦"三严三实"成为领导干部修身、为政、成事的先决思维条件，总是自觉地以此来思考、衡量、判断事物，它就会产生内在的约束力，告诉自己什么可以做，什么不能做。这正是"三严三实"专题教育对"四风"产生"不想"效应的内在肌理。

"严实"精神是养心修身的源泉。古人讲："吾日三省吾身，为人谋而不忠乎？与朋友交而不信乎？传不习乎？"是普通人的修养内容和方法。对于共产党人来说，"三严三实"则是每日修身养心的必修课。世间万事成于严与实，首先就源于内心里有充盈的严实精神的蓄水池。严实养心，养的是精神圣洁纯净，养的是规矩意识、纪律意识，养的是行为准则和习惯。把心养好了，养出高境界，养成好习惯，对"四风"不仅"不想"，更会"不屑"。每日修炼，久久为功，使清风正气成为内心的信守，就没有什么力量能够撼动，没有什么蛊惑能够奏效，而心能始终如一，做人堂堂正正、做事干干净净。

从干部心理特点和习惯规律看，目前正处在新旧、清浊相互交织转化的特殊时期。开展"三严三实"专题教育，注重使"三严三实"内化为做人、做事、做官的内心律令，转化为想问题、干事情、做决策的价值准则，则必如习近平总书记所言："只要真管真严、敢管敢严、长管长严，而不是管一阵放一阵、严一阵松一阵，就没有什么解决不了的问题，就不至于使小矛盾积重难返、小问题酿成大患。"

2015 年 7 月 17 日

让政治生态更加风清气正

——二论贯彻"三严三实"

习近平总书记多次强调政治生态的重要性，指出自然生态要山清水秀，政治生态也要山清水秀；要着力净化政治生态，营造廉洁从政良好环境。如何净化政治生态？这是各级干部必须直面的一道重大课题。

"严实"精神是涵养风清气正的重要"源头"。秉持什么样的信念与操守，直接决定了什么样的行为。一些地方歪风邪气盛行，政治生态环境恶劣，原因就在于一些领导干部修身、为政、干事缺乏应有的信念与操守，导致行为失范失矩。"严实"精神，是无数优秀共产党人身上共同的政治品格，也是各级干部在思想精神上正本清源、端正信念操守的重要法宝。"问渠哪得清如许，为有源头活水来"。修身、用权、律己以严，谋事、创业、做人以实，从内心里形成从严从实的规约，在为政干事中形成从严从实的氛围，歪风邪气、乌烟瘴气就会一点一点散去，清风正气就会一点一点聚拢，政治生态便会由此进入风清气正的良性循环。

"三严三实"为严肃党内政治生活提供了价值准则。践行"三严三实"是培育规矩、纪律意识的基本方法。一些党员领导干部不讲纪律、不讲规矩的情况较为普遍地存在，导致政治生态十分混浊嘈杂。你在规矩上松一寸，我在纪律上松一尺，对不讲纪律、不讲规矩的现象视而不见、见惯不怪，甚至认为这是有能力、敢办事的表现。这样的政治生态环境，如何能干事，如何干成事？

纪律是胜利之父，培育纪律、规矩意识，就要从严要求、从实做起。执行纪律钉是钉铆是铆，严才有权威，才能产生震慑力。讲规矩就要一条一条地实起来，不能"虚头巴脑"，大而化之。在纪律规矩上以严以实，不讲情面，不搞下不为例、网开一面，规矩意识、纪律意识自然就会在内心里扎根，整个风气也才会有根本好转。

"冰冻三尺非一日之寒"，不良政治生态的形成，既有纲纪废弛之弊，又有人心变化之病。形成风清气正的政治生态，殊非易事。以"三严三实"专题教育为契机，每日检查内心有否受到不良微生物侵蚀，全面明确各方面的规矩纪律，日积月累，方能让各级领导干部精神面貌焕然一新，干事创业清清爽爽。

2015 年 7 月 18 日

锻造担当执政使命的干部队伍

——三论贯彻"三严三实"

今天的中国，完成把13亿人全部带入全面小康的伟业，已经剩下不到6年时间，任务极为艰巨。要在同心共筑中国梦的进程中完成现代化的"惊人一跃"，风险前所未有。然而正如马克思所说，"如果斗争是在极顺利的成功机会的条件下才着手进行，那么创造世界历史未免就太容易了"。我们要在复杂的环境条件下开创中国的历史，勇敢担当起执政使命，关键就是以"三严三实"锻造一支思想上、政治上、作风上全面过硬的高素质干部队伍。

不能不看到，一些领导干部身上出现"不严不实"的突出问题，与担当使命的时代要求还不相称。有的理想信念动摇，漠视群众疾苦，党性修养缺失。有的滥用权力，搞官商勾结，不收敛不收手。有的对党不忠诚、做人不老实，心中无党纪、眼里无国法。开展"三严三实"专题教育，就是要着力解决这些问题。唯有紧盯"不严不实"的问题和具体表现，以严的标准、严的措施、严的纪律下大气力去解决，问题就无处可逃，各级领导干部方能炼就金刚不坏之身。

"三严三实"是成长为好干部的路径。如何成为"信念坚定、为民服务、勤政务实、敢于担当、清正廉洁"的新时代好干部？关键就在于各级干部的"修"。以严实为尺去衡量，以严实为杆去做到，方能内化于心、外化于行，成为担当使命的好干部。如何做到政治上守规矩、干事上干净、工作上有担当、作风上实在？关键就在于各级干部严字当头、实处着力。把"三严三实"作为信念、价值、规范、准则，日日三省吾身，处处以此观照，就会在修身上不损节、在为政上行大道、在成事上得方法。

"三严三实"是建树干部形象、赢得群众信任的重要抓手。人民是历史的创造者，是实现中国梦的主力军。干部有号召力、凝聚力，人民才会跟着走、一起干。用权吃拿卡要，群众怎能不深恶痛绝？干事总搞"驴粪蛋"、搭"花架子"，老百姓怎能不成为"老不信"？一些干部形象所以损毁，深为群众诟病，就在于存在诸多不严不实的问题。修复形象，赢得信任，就需要从解决不严不实问题开始，重点在修身、用权、律己上从严要求，在谋事、创业、做人上崇实落实。内铸干部的品质，才能外树干部的形象，各级干部才能团结带领人民一起干事、干成事。

"我们国家要出问题主要出在共产党内，我们党要出问题主要出在干部身上。"习近平总书记作出的这一论断，从反面表明锻造担当执政使命的干部队伍的紧迫性。始终坚持全面从严治党，各级干部自觉践行"三严三实"，我们这支干部队伍才能让党放心、让人民满意。

2015 年 7 月 19 日

让党的主张成为时代最强音

12月25日，习近平总书记在视察解放军报社时发表重要讲话，就宣传思想工作作出重要的形势判断："媒体格局、舆论生态、受众对象、传播技术都在发生深刻变化，特别是互联网正在媒体领域催发一场前所未有的变革。"进而提出了一个重要论断："读者在哪里，受众在哪里，宣传报道的触角就要伸向哪里，宣传思想工作的着力点和落脚点就要放在哪里。"这一判断和论断，具有很强的理论指导性和现实针对性。

和过去相比，今天的宣传思想工作所面临的环境迥然不同。过去媒体格局比较单一，现在是立体多层次；过去舆论生态比较单调，现在是复杂多变；过去受众接受信息的环境和心理相对简单，现在则是可选择信息海量、注意力极易转移。至于传播技术的变化，更是今非昔比。在这一深刻嬗变的大环境中，互联网是一个革命性变量。

前不久，习近平总书记在第二届世界互联网大会上发表讲话，指出了互联网技术革命所带来的深刻变化：引领了社会生产新变革、创造了人类生活新空间，拓展了国家治理新领域，极大提高了人类认识世界、改造世界的能力。目前中国已有6.7亿网民、413万多家网站，网络已经深度融入经济社会发展、融入人民生活。这些深刻变化，意味着宣传思想工作必须因势而谋、应势而动、顺势而为，把网络传播作为一大主场，把互联网作为新阵地、主阵地，更好担负起引导网络舆论的重要使命。习近平总书记强调要"强化阵地意识"，互联网显然是传播工作强化阵地意识的着力点、落脚点。对于新闻媒体来说，就是要着力做好网络传播工作，推进媒体融合发展，着力提升网络传播能力。为巩固和壮大主流思想舆论竭尽全力，让党的主张成为时代最强音。

营造良好舆论环境，首先要求从事这项工作的同志强化政治意识、政权意识、阵地意识，引导好舆论，把正确的、积极的、向上向善的、理性平和的声音传递给受众，使之成为主流和主导声音，让网络空间越来越清朗起来。同时必须提升舆论引导能力，研究网络受众心理特点和网络传播规律，学会与网民打交道，提升网络传播的吸引力与感染力和针对性与实效性。不论是传统媒体还是新兴媒体，都大有可为，都要积极作为。同心同德，打牢团结奋斗的共同思想基础。

要打牢团结奋斗的共同思想基础，必须弘扬主旋律，提振精气神，凝聚正能量。必须唱响正气歌，引导人们看清真相、看清本质、看清主流，坚定信心为梦想打拼、让梦想成真。必须营造良好舆论环境，坚持团结稳定鼓劲。如此，才能凝聚人心、凝聚力量，同心共筑中国梦。

2015 年 12 月 28 日

强化看齐意识　当好严实表率

12月28日至29日，中央政治局召开专题民主生活会，对照检查践行"三严三实"情况。从会前三个方面的认真准备，到会上中央政治局同志逐个发言，按照党中央要求进行对照检查，再到大家讲认识、谈体会，摆问题、查不足，出主意、说措施，动真格开展批评和自我批评，群策群力改进中央政治局的工作，可以说都给全党作出了生动示范，更是给全党上了一堂生动的党课，深刻彰显了以习近平同志为总书记的党中央坚持领导带头、以上率下的精神与作风。

榜样是看得见的哲理，是最具穿透力的说服。正如会议所概括的"从中央做起，坚持领导带头、以上率下，层层立标杆、作示范"，党的十八大以来，以习近平同志为总书记的新一届中央领导集体治国理政的一个鲜明特点，就是这种从我做起的表率精神。在相当意义上说，党的十八大以来之所以党风政风清新扑面，正风肃纪抓铁有痕，关键就在于党中央这种从我做起、以我为标杆的行动力，在全党上下形成了以上率下、层层看齐的良好风气。

1945年，毛泽东同志在党的七大预备会议上说："要知道，一个队伍经常是不大整齐的，所以就要常常喊看齐，向左看齐，向右看齐，向中间看齐，我们要向中央基准看齐，向大会基准看齐。看齐是原则，有偏差是实际生活，有了偏差，就喊看齐。"我们党之所以从小到大、从弱到强、不断从胜利走向胜利，重要的一条就是全党上下有着很强的看齐意识，有了偏差就喊看齐、就自觉看齐。在新的形势下，面对复杂多变的环境和艰巨繁重的任务，对于全党来说，就是要更加强化看齐意识，与党中央保持高度一致，同心共济为实现中国梦而不懈奋斗。

在此次会议上，习近平总书记就中央政治局当好"三严三实"表率提出4点要求：自觉把"三严三实"要求体现到坚持坚定正确的政治方向上；自觉把"三严三实"要求体现到落实党中央重大决策部署上；自觉把"三严三实"要求体现到对分管方面的管理上；自觉把"三严三实"要求体现到严格要求自己上。这4点要求的精神实质就是，多看齐、作表率。现在，中央政治局给全党作出了表率、划定了标杆，全党就要向党中央看齐，以中央政治局为标杆，层层看齐、层层表率，诚如习近平总书记所言："经常、主动向党中央看齐，向党的理论和路线方针政策看齐"。

"凡兵之道莫过乎一，一者能独往独来。"用兵如此，治国亦如此。全党同志按照"严以修身、严以用权、严以律己，谋事要实、创业要实、做人要实"的要求，按照党中央立定的标杆，从我做起，以上率下，握指成拳，拧成一股绳，我们的事业将无往不胜、莫之能敌。

2015 年 12 月 31 日

永远跟党走是人民军队传承不变的基因

12月31日，在陆军领导机构、火箭军、战略支援部队成立大会上，习近平总书记向陆军、火箭军、战略支援部队授予军旗并致训词，强调要坚持以党在新形势下的强军目标为引领，深入贯彻新形势下军事战略方针，全面实施改革强军战略，坚定不移走中国特色强军之路，时刻听从党和人民召唤，忠实履行党和人民赋予的神圣使命，为实现中国梦强军梦作出新的更大的贡献。

今天，全方位、深层次的世界新军事革命正在加速发展，直接影响着国家的军事实力和综合国力，关乎战略主动权，各国都在加紧推进军事转型。成立陆军领导机构、火箭军、战略支援部队，正是因应这场新军事革命推进我国军事战略转型，深化改革、构建中国特色现代军事力量体系的战略举措，"是党中央和中央军委着眼实现中国梦强军梦作出的重大决策，是构建中国特色现代军事力量体系的战略举措，必将成为我军现代化建设的一个重要里程碑，载入人民军队史册。"

作为党最早建立和领导的武装力量，陆军适应信息化时代陆军建设模式和运用方式的深刻变化而重塑，一支强大的现代化新型陆军必将不负众望。"火箭军是我国战略威慑的核心力量，是我国大国地位的战略支撑，是维护国家安全的重要基石。"从自主研制的第一颗原子弹爆炸起，中国核武器的发展就为保障国家主权和领土完整的绝对安全发挥了战略威慑作用。火箭军的成立，乃是着眼实现中国梦强军梦作出的重大决策。战略支援部队这个我军历史上的全新军种的诞生，体现了国家发展的速度；体现了军队进步的步伐；体现了党的十八大以来军队建设的最新成果，是维护国家安全的新型作战力量，是我军新质作战能力的重要增长点。

人民军队由"小米加步枪"的艰难困苦中走出，为新中国的成立居功厥伟；为守护国家、人民的利益夙夜罔懈。随着国家的日益强大，人民军队的力量也越来越壮大，在捍卫国家利益时有了更强的自信。正如习近平总书记在多个重要国际场合所宣示的：中华民族历来是爱好和平的民族，中华民族的血液中没有侵略他人、称霸世界的基因，中国人民不接受"国强必霸"的逻辑；历经苦难的中国人民珍惜和平，绝不会将自己曾经遭受过的悲惨经历强加给其他民族。人民军队的发展壮大，为的正是保卫祖国和人民，为的正是助力中华民族实现伟大复兴。

在成立大会上，陆军、火箭军、战略支援部队的代表一致表示，坚决贯彻习主席训词，任何时候任何情况下都坚决听从党中央、中央军委和习主席指挥。这道出了作为捍卫和平的力量、维护国家安全重要基石的人民军队的军魂。人民军队党缔造，军旗永远跟着党旗走，这是无数革命先烈的鲜血染红的我军本色。无论是战时还是平时，无论是陆海空军、战略支援部队还是火箭军，党指挥枪都绝不能动摇，都是我军永远不变的军魂、传承不变的基因，永远听党指挥跟党走，就一定能为实现中国梦提供最安全、最牢靠的战略保障。

2016 年 1 月 2 日

读懂总书记的"绿色叮嘱"

"在生态环境保护建设上，一定要树立大局观、长远观、整体观，坚持保护优先，坚持节约资源和保护环境的基本国策，像保护眼睛一样保护生态环境，像对待生命一样对待生态环境，推动形成绿色发展方式和生活方式。"3月10日，习近平总书记在参加青海代表团审议时，发出语重心长的叮嘱。这是今年两会上总书记第二次就生态环境保护发表讲话。一句句深情叮嘱、谆谆告诫，凝结着总书记对祖国绿水青山的牵挂关切，满载着他对中华民族永续发展的历史担当。

总书记对绿色发展、生态环境保护的关切有多重、记挂有多深？品读总书记2013年以来的"两会时间"，浓浓深情堪称"才下眉头，又上心头"。

2013年，他在江苏代表团鼓励扎实推进生态文明建设，实施"碧水蓝天"工程。2014年，他在广东代表团号召坚持走绿色发展之路。2015年，他在江西代表团强调环境就是民生，青山就是美丽，蓝天也是幸福。2016年，他在黑龙江代表团呼唤为子孙后代留下天蓝地绿水清的家园。此次在青海代表团，总书记不厌其烦地反复叮嘱，殷殷真情流露，让与会者为之动容——"我就是婆婆嘴，就是再三的叮嘱你们，保护好生态环境，实际就是保护好我们中华民族的母亲，大江大河的发源地，不要让这片水污染了！"

"大人者，不失其赤子之心者也"。从"眼睛"到"生命"再到"母亲"，习近平之所以在生态环境保护、绿色发展问题上叮嘱不断，就在于他对实现中华民族永续发展的历史自觉和对人类社会发展规律的准确把握。他深知"生态环境没有替代品，用之不觉，失之难存"。中华民族想要生生不息、蓬勃向前，没有良好的生态环境只能是痴人说梦；中华民族要增进民生福祉、实现民族复兴，不坚持绿色发展只会是半途而废。面对日益严峻的环境污染和发展瓶颈，只有走绿色发展之路才是明智之选、必由之路。

思想引领行动，理念指导实践。党的十八届五中全会把"绿色发展"作为五大发展理念之一，生态文明首次列入十大目标，"美丽中国"首次写入五年规划。正是在总书记这种深情感召下，生态环境保护被提升到了一个前所未有的历史新高度。为了让绿色发展的理念深入人心，习近平总书记以严厉态度宣示"严守生态红线，绝不能越雷池一步"的硬道理：面对秦岭地区乱建别墅、破坏环境的行为，总书记第一时间批示要求严办严惩。在云南洱海畔，他以"立此存照"的方式要求地方政府推进环保建设，表现出在环境保护问题上强烈的爱憎分明。

从"青山就是美丽，蓝天也是幸福"到"绿水青山就是金山银山"，习近平总书记的"绿色叮嘱"不能不让民众感怀在心。有理由相信，在总书记有情怀、有谋划的"绿色叮嘱"下，一个水更清、山更绿、天更蓝的美丽中国就在不远的前方。

2016 年 3 月 13 日

领导干部要善于同知识分子打交道

"各级领导干部要善于同知识分子打交道，做知识分子的挚友、诤友。"习近平总书记近日在安徽合肥主持召开知识分子、劳动模范、青年代表座谈会并发表重要讲话，就如何做好知识分子工作提出一系列要求，在领导干部和知识分子中引起热烈反响，赢得广泛赞誉。

知识分子是工人阶级的一部分，知识分子的智慧、技能对推动建设事业与社会进步发挥着越来越重要的作用。实现中华民族伟大复兴的中国梦，需要凝聚包括知识分子在内的各方面共同力量。因此，领导干部要把尊重知识、尊重人才落到实处，而不只是"放空炮"口头说说而已。各级党委和政府要加快形成有利于知识分子干事创业的体制机制，使之制度化、规范化。

俗话说，隔行如隔山。知识分子从事的工作专业性强，技术要求高，领导干部不要不懂装懂乱充内行，要减少对知识分子创造性劳动的干扰，让他们把更多精力集中于本职工作。古人云：疑人不用，用人不疑。在专业技术领域，领导干部要充分信任知识分子，放手让广大知识分子把才华和能量充分释放出来，不要横加干涉，打击他们的积极性。

应该看到，知识分子作为高智商、高学识的群体，有自己独立的思想和独到见解，有的看法不一定与行政部门意见合拍，有的批评甚至很尖锐。对此，领导干部要虚心接受不同看法与批评，而不能打击报复。习总书记旗帜鲜明地指出："对来自知识分子的意见和批评，只要出发点是好的，就要热忱欢迎，对的就要积极采纳；即使一些意见和批评有偏差，甚至不正确，也要多一些包容、多一些宽容，坚持不抓辫子、不扣帽子、不打棍子。"

习总书记提出的"三不原则"是百花齐放、百家争鸣方针的细化和新拓展，体现了海纳百川的宽广胸怀，许多网民对此纷纷留言"点赞"。"三不原则"与习总书记前年在文艺工作座谈会的重要讲话一脉相承。习总书记当时强调要坚持百花齐放、百家争鸣的方针，发扬学术民主、艺术民主，营造积极健康、宽松和谐的氛围。

古人云，益者三友，友直、友谅、友多闻。自古以来，人们就认识到与"多闻"者交朋友的重要性。对于领导干部来说，与知识分子打交道、交朋友不是作秀，要谨守"诚"字诀，要诚心诚意与知识分子交往，与他们推心置腹。要把专家学者请进门，求思于广大，交友于学人，就工作和决策中的有关问题主动征求他们的意见和建议，欢迎他们批评指正。一个有事业心、有建树的领导干部，身边总有几个知识分子挚友、诤友，甚至与他们英雄相惜、肝胆相照。

熟悉情况的人们都深知，习总书记就是善于与知识分子做朋友的榜样，他写的《忆大山》一文展现出的真挚友情打动了无数人。

2016 年 5 月 1 日

打虎拍蝇，反腐坚定不移

让潜规则失去土壤、通道和市场

"让那些看起来无影无踪的潜规则在党内以及社会上失去土壤、失去通道、失去市场。"习近平总书记今年再赴兰考，参加并指导县委常委班子专题民主生活会，所说出的一番话，直指时弊，可谓振聋发聩、提神醒脑。潜规则这一概念自多年前有学者提出后，仿佛一下子击中社会的神经。原因就在于，它像一个巨大无比的"污水池"，社会生活人事往来中，很多见不得光、看不见、摸不着又感受得到的"污泥浊水"，都注入其中。又像闻起来臭、吃起来香的"臭豆腐"，人人痛恨潜规则，但真轮到自己，却又往往首先选择潜规则行事。

譬如公开竞聘选拔干部，光明正大的规则就在那里，公平、公正的理念就在人们心中。然而，很多人首先想到的，不是去做好笔试和面试等准备，而是去找关系、托门路。极个别领导干部则投其所好，大搞权力寻租。孩子幼升小、小升初，有关入学规则都已经公开，教育公平、入学公平的呼声早已不绝于耳。但是，很多人轮到自己面临孩子入学问题时，往往就会想办法、托关系以进好学校，而不是选择对明规则的遵从。

诚然，一些潜规则的存在，也与一些明规则的不太合理有关。

但是，既成规则，就有其进步性，就应当遵守。都没有规则意识，都不去遵守规则，规则就失去效力。如此不守规则的后果是，除了极少数人一时得利之外，整个社会都为此付出巨大成本，社会进步、群众利益都受到损害。

不能不看到，潜规则形成的巨大源头，在一些领导干部身上；破解潜规则的钥匙，也攥在领导干部手里。正所谓"上行而下效"，"风成于上，习化于下"。党风政风，影响社风民风。官员奉行潜规则，百姓当然就照此行事。官员关上潜规则的大门，明规则就会起效用。

很多时候，老百姓希望有公平公正的规则主导社会运行，这样不仅使整个社会洋溢清风正气，也会给自己省掉很多麻烦。但是，当一些领导干部搞潜规则时，一些人通过潜规则得到好处或机会时，其他的人因为担心利益受损而被迫从之。甚至在有的地方，老百姓发现，按明规则根本办不成事。在这个意义上，牵着领导干部这个"牛鼻子"，让潜规则失去土壤、失去通道、失去市场，可谓正得民心，也抓住了解决问题的关键。

现实生活中，那些"不跑不送、原地不动"的干部提拔潜规则，那些"权力＋钱＝条子"的入学潜规则，那些按一定比率给回扣的上项目潜规则，那些对群众"吃拿卡要"的办事潜规则，那些"跑部钱进"的审批潜规则，等等，除了肥了个人之外，可谓误国害民不浅，更使社会肌体出现腐烂和溃败。只有坚决、干脆、彻底地铲除之，清正、清廉、清明的风气才会充盈其间。

正如习近平总书记强调的，作风建设是立破并举、扶正祛邪的过程，立什么，破什么，需要好好把握。立清风正气、破除潜规则这个社会毒瘤，社会信心、人民信任的蓄水池必定注满一池春水。

2014 年 5 月 10 日

对腐败零容忍绝非空话

今天，中央公布了对徐才厚、蒋洁敏、李东生、王永春的处理决定，开除徐、蒋、李、王党籍，并对他们涉嫌的贪污腐败问题，移送司法机关，立案审查，依法处理。联系到最近连续公布的几起高官涉嫌犯罪被立案调查的消息，人们强烈地感受到，反腐风暴，势如破竹；反腐败斗争正在以前所未有的力度向纵深推进，党心民心为之振奋。

"七一"建党93周年前夕，中央公布这个决定，或许具有特殊的含义，发人深省，值得深思。

这充分表明，以习近平同志为总书记的党中央，惩治腐败的决心是坚定不移的。党的十八大以来，新一届中央领导集体惩治腐败，不仅态度坚决、旗帜鲜明，而且动真碰硬、雷厉风行。从党的十八大闭幕不久揪出李春城，到今天对徐、蒋、李、王立案调查，在一年多时间里，依法惩处数十起大案要案。被查处的涉案官员层级之高，密度之大，涉面之广，信息披露之迅捷透明，为新中国成立以来所罕见。"不论什么人，不论职务多高，只要触犯了党纪国法，都要受到严肃追究。"对腐败零容忍，这绝非戏言、绝非空话。

这充分表明，我们党作为长期执政的政党，与各种腐败行为势不两立。从已经披露的案件看，官员特别是高官贪腐往往与滥用执政权力有密切关系。因此，必须警醒，官员贪腐决不仅仅是个人问题，而是危及党的前途命运的问题。正如习近平总书记所说："如果任凭腐败问题愈演愈烈，最终必然亡党亡国。"在中国历史上，因统治集团严重腐败而人亡政息的教训比比皆是；在当今世界，由于执政党腐化堕落而失去政权的事例不胜枚举。必须意识到，对腐败的丝毫姑息和容忍，对执政党来说，都会导致不可想象的灾难性后果。

这充分表明，我们党有自我净化、自我完善、自我革新的能力。不可否认，腐败现象在一段时间里多发且有恶化趋势，让人失望，令人担忧。但人们正是从中央一系列雷霆手段中，看到了希望，提振了信心。这是因为，老百姓看到，我们党有强大的政治优势，反腐败不仅态度坚决，而且有胆识有能力，也完全可以有所作为。有党心所向，有人民支持，我们一定可以清除肌体上的病毒，建立起有效的预防和治理腐败的制度体系，有力打击各种腐败行为。

查处徐、蒋、李、王腐败案件，是反腐败斗争取得的重大胜利，必将鼓舞反腐败的士气，极大震慑腐败犯罪分子，凝聚起推进党风廉政建设的强大正能量。虽然反腐败斗争形势依然严峻，任重道远，但我们有理由相信，我们的党团结、坚强、成熟、伟大，一定能够面对种种挑战，克服前进道路上的一切困难，带领人民实现民族伟大复兴的中国梦。

2014 年 6 月 30 日

让腐败分子没有藏身之地

中共中央总书记习近平6月30日主持召开中央政治局会议，听取中央军委纪律检查委员会《关于对徐才厚严重违纪案的审查报告》，并根据《中国共产党章程》《中国共产党纪律处分条例》有关规定，决定给予徐才厚开除党籍处分，对其涉嫌受贿犯罪问题及问题线索移送最高人民检察院授权军事检察机关依法处理。

同日，经中央纪委常委会议研究并报中共中央政治局会议审议，决定给予蒋洁敏、李东生、王永春开除党籍处分，待召开中央委员会全体会议时予以追认；由监察部报请国务院批准给予其行政开除处分；将其涉嫌犯罪问题及线索移送司法机关依法处理。

徐才厚、蒋洁敏、李东生、王永春等曾在党内、军队内、政法系统、经济领域内担任重要领导职务，名声不一般，地位不一般。他们的落马，再次证明以习近平同志为总书记的党中央在反腐败问题上的决心极为坚定，毫不动摇。

在过去一段时间，关于徐才厚等人涉嫌贪污腐败、违法乱纪之类的消息，或公开或半公开地在一些微博、微信等互联网媒体中传播，在市井街头中以不同的"版本"成为人们议论的话题。由于案件复杂，调查审理需要一个过程，中央有关部门并未急于公开宣布案件处理情况。在此背景下，徐才厚究竟会面临什么样的结局？反腐败会不会因人而异，有没有什么"禁忌"或"禁区"？诸如此类的疑问在民间普遍存在，甚至某些"反腐遭遇阻力""老虎不好打"等等谣言怪论也悄然而行。

应该说，当某些重大反腐败案件尚未正式公布之前，老百姓有议论，有猜测，对腐败分子能否受到严肃处理有一些担心和忧虑，是正常的。这反映出广大人民群众对党的事业的关心，对反腐败工作的期待。可以想见，徐才厚等人的案件及其处理结果公布后，曾经出现的种种谣言怪论将不攻自破，老百姓对党中央反腐败的举措和决心将更加认同，对执政党的反腐败斗争取得最终胜利将更加充满信心。

徐才厚等人的落马，对所有腐败分子必将形成新的震慑。以他们曾经担任的职务而言，称得上是身居要害，位高权重。他们涉嫌参与其中的不法勾当，他们盘根错节的人事关系，或许触目惊心，令人难以置信。事实上，人们曾经有过的议论、疑虑、担心，社会上的相关传言乃至谣言，莫不与他们特殊的身份、特殊的背景有直接关系。但当真相大白于天下之时，腐败分子会切切实实感受到铁腕反腐的威力；广大人民群众则会明明白白地知道，党中央打"老虎"决不手软。徐才厚等案件的公开，进一步显示出党中央反腐败斗争的深入。从近期若干反腐败案件的连续公开可以看出，从沿海的广东到内陆的山西，从央企到高校，从军队到政法系统，反腐败是全方位的，不会留死角，没有哪个地方哪个领域可以成为腐败分子的藏身之地。这样的形势所形成的巨大威慑力，为今后的反腐败斗争奠定了更为坚实有力的基础。

反腐败是长期的任务，战斗正未有穷期。伟大的中国共产党在迎来自己93周年华诞之际，用公开宣布处理徐才厚等腐败分子这样一种特殊的方式，向全党、全国人民再次表明了坚持反腐败的决心和魄力，进一步展示出党完全具有自我净化、自我完善、自我革新的能力。尽管人们需要对腐败问题的严重性和反腐败斗争的艰巨性保持冷静清醒的认识，但可以毫不犹豫地说，不管什么人，只要违犯党纪国法，只要伸手贪腐，等待他们的只有可耻可悲的下场。而随着反腐败斗争毫不动摇地持续推进，人民群众对党赢得反腐败斗争的胜利必将寄予更深切的期待，对党的信心和信任必将与日俱增。

2014 年 7 月 1 日

周永康落马凸显中央从严治党决心

7月29日傍晚，周永康落马消息发布。这则中央决定对周永康严重违纪问题立案审查的消息，不足80字，却富有爆炸性，立刻成为人们茶余饭后的谈资、争相转发议论的新闻。

这则消息发布后不久，央视发布了中央决定召开党的十八届四中全会的消息，会议的主题是研究"全面推进依法治国"等重大问题。看似巧合中，却蕴含着某种必然。把反腐纳入法治化轨道，是反腐倡廉建设的一个鲜明主题。随着一批"老虎"级乃至"大老虎"级的腐败官员落马，法治作为我们党治国理政的一条主线将更加凸显。

在相当意义上讲，与单个重磅级的腐败分子落马消息相比，反腐法治化更令人振奋。因为这意味着，党纪国法面前没有例外，反腐败没有禁区。一切以党纪国法为红线、底线，不论涉及谁，不论他的官有多高、权有多大、资格有多老，只要触了红线、破了底线，就会被绳之以法，决不会姑息、决不会容情。

周永康是前任中央政治局常委，是百姓口中的"正国级"官员。从薄熙来，到徐才厚，再到周永康，他们的落马表明，所谓的"刑不上大夫"之说，所谓的"官官相护"之语，所谓的"官当到一定程度就进入了保险箱"之谈，都不过是一些人的猜测与臆想，与我们党的反腐主旨不合，与中央的反腐决心不符。

近几十年来，在腐败落马者中，周永康是原任职级最高者，他的落马更加坚定了民众对反腐的信心和信任。人民群众历来就担心，反腐败只敢打"苍蝇"不敢打"老虎"，只敢打"老虎"不敢打"大老虎"。党的十八大以来的一批省部级官员落马，乃至副国级，甚至正国级的官员落马，充分证明了中央反腐的坚强决心和铁腕力度。

而从历史来看，只有这种决心和力度，才能构筑民众信心和信任的坚实根基。相信只要以这种决心和力度去治腐，在未来的征途上，不论遇到什么样的风险和挑战，人民群众都会铁了心跟我们党一起走；不论面临什么的困难和险阻，人民群众都会和我们党一起面对、一起越过。

也许有人会说，这些腐败分子的级别越来越高，腐败分子越抓越多，会不会影响到人民群众对我们党的信心和信任。有一种刺耳的声音会说，你看这些人是什么货色啊，怎么进入到党内而且还混入高层。不能不说这种声音很尖锐，但我们恰恰需要看到，这正说明我们党的"党要管党、从严治党"理念是金科玉律，说明我们党有充分自信，说明我们党有高度的自净能力。

一个把13亿人民带入现代化的执政党，面临复杂的环境和条件，党的肌体不可避免会受到这样那样的污染和侵蚀。在治国理政的过程中，任何一个政党也不可能保证自己的肌体没有细菌；也不可能保证自己的肌体不受到政治微生物的侵染。这里的关键就是，如何保持肌体自身的抵抗力，使肌体内的健康分子能够扑灭病毒。从保持反腐败的高压态势，到坚持"老虎""苍蝇"一起打的主张，再到对一切腐败分子都绳之以法的决心，表明我们党的智慧和勇气、信心和能力，而这些也正是保持党的肌体纯洁与健康的根本途径。

我们深信，随着反腐败在法治轨道上走向深入，随着一批腐败毒瘤、腐烂细胞被剜除，我们党将更好地保持先进性和纯洁性，更好地凝聚和团结亿万人民去实现中华民族伟大复兴这个中国人民近代以来的最伟大梦想。

2014 年 7 月 29 日

领导干部决不可缺失精神之钙

前中央政治局常委周永康落马的消息引发公众强烈议论，也引发不少党员领导干部的深切思考。为什么周永康身居党和国家领导人这个高位，却涉嫌严重违纪？这个问题，从薄熙来，到徐才厚，再到周永康，已成为必须深思的课题。

诚然，有的人"在山泉水清，出山泉水浊"；有的人位低时守清廉，但位尊时就纵贪欲；有的人在一般岗位廉洁从政，在重要岗位就掉入腐败泥淖。但对于各级领导干部来说，应当更进一步深思，一些人为什么就变坏了？作为共产党人的特质为何就不敌腐败的诱惑？

习近平总书记在党的十八大后的中央政治局第一次集体学习时就强调，没有理想信念，理想信念不坚定，精神上就会"缺钙"，就会得"软骨病"。并严肃指出，现实生活中，一些党员、干部出这样那样的问题，说到底是信仰迷茫、精神迷失。诚哉斯言，今天，各级党员干部尤其需要反躬自省的是，自己的理想信念有没有蒙尘？如果精神钙质在悄悄流失是否还没有察觉？

外在的诱惑，绝不是一些人变质的理由。要说外在的环境，恐怕革命时期的环境最为恶劣。然而，有无数优秀共产党人顶住了，比如蔡和森在狱中受尽酷刑，四肢被敌人用几个粗大的长钉钉在墙上；彭湃虽生于有名的富裕人家，却当众把自己家族的田契全部烧毁，并宣布"日后自耕自食，不必再交租谷"。为什么他们能舍生而取义、舍富贵而就道？

一言以蔽之，信仰与信念。

可以说，正是这信仰与信念，支撑着一代又一代共产党人去面对各种困难、风险、挑战。正是这信仰与信念，让无数优秀共产党人在革命时期敢于面对屠刀、在建设时期敢于面对困难、在改革时期敢于漠视一切诱惑。反观那些落马的腐败分子，恰恰是因为缺失了这信仰与信念，使他们无法抵御权、钱、色的诱惑，投身腐败的泥淖中。

从一些腐败分子落马的经历、腐败的程度看，动辄上亿的贪资、无所不用其极的贪欲，令人震惊，却也从一个特殊的层面表明，领导干部一旦失去了精神钙质，就变得没有党性甚至没有人性，就变得如狼似虎、贪赃不绝。这充分警示各级领导干部，绝不可忽视精神钙质的补充。

事实已经一再证明，没有信念，根本抵不住权、钱、色的诱惑；而什么时候放松了"补钙"，什么时候就有思想腐化变质的危险。各级领导干部唯有不断加强党性修养，在实践中不断砥砺自己的理想信念，在各项工作中始终恪守人民至上的理念，时时反躬自问依靠谁、为了谁、我是谁，我们才能守住自己的原则和底线，做到干干净净做事、清清白白为官。也只有如此，我们才能仰不愧天、俯不愧人、内不愧心；才能无愧于党和人民的信任和托付。

2014 年 7 月 30 日

清除腐败是深化改革的必然之举

周永康事件，是改革开放以来，作为执政党的中国共产党遇到的最大考验之一。身居党和国家领导的高位，周永康严重违反党纪国法，纠结利益集团、权钱勾结、阻挡改革，对党的事业带来巨大的危害，对市场经济的规范发展造成显著的伤害，对整个国家的健康发展产生极为消极的影响。一个旨在推动国家可持续发展、谋求中华民族伟大复兴的政党，必须严肃正视，必须依法处理，必须痛下决心加以制度化遏制。

中国共产党自身所处的时代背景、组织状况和社会责任，已经有了重大的变化。在夺取国家政权前的革命时代，党所涉的资源较少，党员尤其是党员领导干部粘连利益的机会不多，因此能够较为顺利地保持革命奉献精神。在中国共产党执掌国家权力以后，权力的谋求和利益的粘连，开始变成一个需要直面的大问题。

而今，中国共产党推动市场经济迅猛发展，物质利益的快速增长，使党必须面对权力与利益高度粘连的新形势。党员领导干部尤其是身居高位的领导人，扰乱市场秩序，权钱勾结，以权谋私，阻挡改革，成为必须加大力度治理的现实课题。对周永康立案侦查，便是中国共产党对自己所处新局面的清醒认知，是斩断权力与利益勾连的链条、从严治党、依法治国的体现。这是对党的肌体病患进行的深层治疗，有利于保证党的机体健康，可对党员干部违纪违法起到极大震慑作用，更是深化改革、推进改革、推动国家发展进步所必须采取的举措。

改革开放是决定当代中国命运的关键抉择。习近平总书记指出："改革开放是我们党在新的时代条件下带领人民进行的新的伟大革命，是当代中国最鲜明的特色，也是我们党最鲜明的旗帜。"他说："必须以更大的政治勇气和智慧，不失时机深化重要领域改革，攻克体制机制上的顽瘴痼疾，突破利益固化的藩篱，进一步解放和发展社会生产力。"中国共产党与中国的现代化内在地关联在一起。这需要政党领导与国家发展积极互动，保持一种健康的、可持续发展的态势。党是否明晰自己的使命、履行责任是否尊崇法治，推动国家治理现代化能否有效，高超非凡的领导艺术可否形成，都对党的前途命运、生死存亡发挥着决定性的作用。

这次中共中央政治局会议决定立案审查周永康，并研究全面推进依法治国重大问题，是中共中央政治局对中国共产党所处形势和重要任务高度自觉、主动担当的体现。作为中共中央总书记的习近平，在这个历史关头所发挥的政治决断作用，就更是直接影响到执政党的决策正确性和执行有效性。担当一个有着八千多万党员的大党的最高领导责任，不仅需要对政党的现代治理发挥引领作用，更需要率领执政党迈入现代依法执政的境界，真正走出革命党依靠政治意志统治国家的旧局面，开创执政党依法治国的新格局。

将治理贪腐和改革开放紧密联系起来，进行具有战略性的规划，乃是对关系到党和国家前途与命运重大问题的准确把握。在推动改革开放向纵深处发展的当下，需要铲除大大小小的羁绊，更需要系统设计、有效实施的政策落实能力。

中国共产党是一个现代政党，它不是传统的革命组织，也不是仅仅谋求执政利益的政治建制。作为一个现代政党，中国共产党必须以现代规则自我约束，党才具有维持组织目标、发挥领导作用、整合国家力量、推进民族复兴的能力。作为一个拒斥私利的组织，中国共产党必须保证党的所有成员以利他主义对待执政权力，公权公用，致力改善公共福利。这是在国家治理现代化的任务摆到党的面前时，全党必须慎思的政党性质与制度建制问题。

在依法治国方略中，法治与组织依托，是最为重要的。彻查周永康与研究依法治国携手出场，就是依靠组织力量的表现。而党和国家国家领导人展现出的治国理念、决断能力、务实风格、坚韧意志、领导技艺，则是人们判断是否心怀期望、乐意跟随的重要依据。习近平总书记所展现的领导风格，契合了中国对领导人的政治期待，其重要作用必不可小觑。一个励精图治的领导人与领导集体，与不断推出的惩治贪腐、刮骨疗毒的举措，势将构成中国深化改革的双重动力。

2014 年 7 月 31 日

周永康落马是推进依法治党治国的一大步

　　周永康落马的消息公布后不久，党的十八届四中全会的主题"全面推进依法治国"亦正式公布。有人问：为何两件事情放在一起宣布？仔细琢磨，其中大有深意。

　　法治作为我们党执政的一个重大理念，始终是我们党追求并予以践行的一大目标。然而，在迈向法治化的进程中，这一理念受到来自党内一些人的挑战和考验，这些人干着种种违法乱纪的勾当，使党的法治理念和实践蒙尘。同时，这些人的违法乱纪行为又反作用于社会公众的心理，能不能对他们绳之以法，成为人民群众评价法治化的一个重要参数。

　　网上曾有不少人议论，反腐败只敢打"苍蝇""豺狼"，真正的"老虎"不敢打。在这个意义上说，周永康落马，宣示不会有反腐的禁区，法律面前没有不受制约的特权人物。

　　可以说，这正是法治的真正意义所在。唯有破除种种凌驾于法律之上的特权、扫除法律触及不到的所谓"腐败特区"，人们才会在内心里认可法治化。唯有用事实说明，不管什么人，不管是什么真正的"老虎"，违反了党纪国法，就必然会受到党纪国法的严惩，人们才会形成对法治的向心力。

　　党的十八大以来，我们党突出强调，党要管党、从严治党；治国必须治党，治党务必从严。怎么治？法治。唯有法治，我们才能把13亿人民带入现代化，诚如这次中央政治局会议所言："实现经济发展、政治清明、文化昌盛、社会公正、生态良好，实现我国和平发展的战略目标，必须更好发挥法治的引领和规范作用。"

事实上，党的十八大以来的反腐，法治化是鲜明而突出的特点。从党内法规的清理到发挥制度刚性，从按先党纪后国法的程序实践，再到一批腐败分子被依法依规惩处，深刻表明我们党的反腐法治化道路十分坚定。应该由党纪处置的坚决以党纪来处置，应该移送司法机关的坚决移送司法机关，法律该怎么判决就怎么判决，一切以事实为依据，以党纪国法为准绳；腐败不腐败，腐败程度如何，最终是由党纪国法说了算。因而，党的十八大以来的反腐进程，本身即是依规治党、依法治国的重大实践。实践也将进一步证明，只有在法治化的框架下、轨道内，干部清正、政府清廉、政治清明才能够加速实现。

可以说，以周永康的落马为节点，我们党的反腐达到了一个高潮，但这决不是句号，反腐也决不会是一阵子，而是要贯穿我们党执政的始终。懂得了这一点，我们也就懂得了党的十八届四中全会要研究"全面推进依法治国"重大问题。而在相当意义上说，把法治的旗帜高高举起，将不仅更好地促进我们党推进反腐倡廉、建设廉洁政治，而且能够烛照我们的现代化大业和中国梦的光辉前程。

2014 年 8 月 1 日

让制度成为硬约束而不是橡皮筋

"从严治党靠教育，也靠制度""坚持思想建党和制度治党紧密结合""使制度成为硬约束而不是橡皮筋"，习近平总书记在群众路线教育实践活动总结大会上，第一次鲜明提出了思想建党和制度治党紧密结合的重要命题，进而强调要增加制度认同，强化制度刚性，可谓点到了穴位上、戳到了麻骨上。

面对一些干部身上出现的歪风邪气，面对一些官员的腐化堕落，有的人总是认为这是制度有问题，应该重建制度、完善制度。诚然，制度久必生弊，必须根据时代环境条件的变化而及时革新制度；"牛栏关猫"不行，必须强化制度的针对性、实效性，发挥严密制度之网的整体效力。但是，还有一个更为现实的问题，那就是制度的执行力。在教育实践活动中，不少干部感到不适应、不方便、不习惯，大叹"为官不易""官不聊生"。然而，诚如习近平总书记所说："很多要求早就有了，是最基本的要求。现在的主要倾向不是严了，而是失之于宽、失之于软，不存在严过头的问题。"

制度的威力在于切中时弊积癖与问题实质，制度的生命力在于严格的、不折不扣的执行。正因此，近年来从中央到地方一方面出台了一大批制度规定，以求堵住制度漏洞、织密制度之网，另一方面极大地强化了制度的硬约束。"严肃党内政治生活""从严管理干部""严明党的纪律"，总书记在讲话中98次强调"严"，作出从严治党八项部署处处着眼于"严"，为的就是强化制度刚性，不留"暗门"、不开"天窗"，坚决维护制度的严肃性和权威性，坚决纠正有令不行、有禁不止的行为。

在一些人那里，一直以来有一种奇怪的现象，就是制定制度都是针对别人的，自己是例外。有的人甚至骨子里觉得制度就是要被违反、破除的，觉得违反制度才显示自己的开明、证明自己的权力、表明自己敢于打破条条框框束缚。还有的人在执行制度时喜欢搞网开一面、下不为例，讲人情、面子，以博得好名声、聚得好人缘，甚至能够为自己赢得选票。凡此种种都说明，这些人从内心里缺少一颗对制度的敬畏之心。"凡善怕者，必身有所正，言有所规，行有所止。"不敬畏制度，缺乏规则意识，制度规则就得不到遵从，最终就"针尖大的眼透过斗大的风"，以致制度终成失去生命力、约束力的花瓶和摆设。

这次教育实践活动，一个鲜明的突出特点就是制度硬起来了，成为"带电"的高压线了。全国查处违反"八项规定"精神的问题56332起，74338人受到处理，20610人受到党纪政纪处分；那些顶风违纪者、以身试法者、蠢蠢欲动者、改头换面搞歪风者，都被毫不留情地惩治。党的十八大以来，一大批"老虎"被打、"苍蝇"被拍、"狐狸"被猎。这一系列举措，充分彰显制度面前人人平等、执行制度没有例外。不管是谁，只要违反了制度，就要受到制度的惩罚。正是这种对制度的坚决捍卫与刚性遵从，不仅维护了制度的尊严，更捍卫了党和政府的公信力，也因此而提振了党心、赢得了民心。

也必须看到，尽管我们开始形成敬畏、遵守、执行制度的好氛围，但还不牢固、不浓郁，外在的约束还没有转化为内心里的自觉。一些人心里的"小九九"还没祛除，一些人还在挖空心思钻空子、挑战制度与规则。只有继续以严的标准、严的执行去捍卫制度，让制度始终成为硬约束、成为"带电"高压线，制度才能最终成为党风政风的良好保障，最终内化为各级干部的自觉行为。

2014 年 10 月 14 日

老虎苍蝇一起打　反腐败深得党心民心

　　"中国人民政治协商会议第十二届全国委员会副主席、中共中央统战部部长令计划涉嫌严重违纪，目前正接受组织调查。"新闻一经公布，网上叫好声一片。随着反腐败斗争的深入，"老虎苍蝇一起打"，深得党心民心。反腐败，已经发挥了强大的政治凝聚作用，体现了执政党与全国人民坚决反腐败的决心与信心，表现出中国共产党刮骨疗毒、廉洁执政、清明治国的鲜明政治态度。

　　在反腐败的复杂形势甫一呈现的时候，习近平总书记就明确指出，对腐败分子，必须采取"老虎苍蝇一起打"的办法，才能收到反对腐败的预期效果。只有对腐败分子坚持一个也不放过，保持"零容忍"态度，人民群众才会和我们党坚定地站在一起，坚定地跟党一起走。全党也才会更紧密团结、更信心百倍地实干。因为在全党和全国人民心里，一个敢于拿一切腐败分子开刀的政党、一个敢于剜除自己肌体上的脓疮的政党，是能够压倒一切困难而不被一切困难压倒的政党，更是最有希望、最有前途、最能够给国家和人民带来希望、带来梦想、带来幸福的执政党。清除腐败，是人民的福音。

　　以习近平同志为总书记的党中央断然采取了"老虎苍蝇一起打"的反腐战略，既是站在重整全党执政理念的高度作出的重大决定，是凸显"权为民所赋"的权力来源的政治自觉；也是站在国家长期、协调和可持续发展的高度采取的有效政策，体现了聚集党心、凝聚民心的政治远见；更是站在国家发展转型升级，推进国家治理体系与治理能力现代化的高度，将中国的发展提升到依法治国状态的重大举措。清除腐败，是国家的福音。

　　坚持从严治党，坚持依规管党治党，敢于剜除腐肉烂疮，彰显的是一个走向现代化的大党永葆肌体健康的信心和勇气，彰显的是我们党自我净化、自我完善、自我革新、自我提高的能力与境界。中国共产党将更有活力、更有战斗力，能够更好地带领 13 亿人民实现中华民族伟大复兴的中国梦。清除腐败，也是我们党的福音。

2014 年 12 月 22 日

打赢反腐败这场攻坚战持久战

"全党必须牢记，反对腐败是党心民心所向。有党心民心作力量源泉，反腐败斗争必定胜利。""有全党上下齐心协力，有人民群众鼎力支持，我们一定能够打赢党风廉政建设和反腐败斗争这场攻坚战、持久战。"

在十八届中央纪委五次全会上，习近平总书记发表重要讲话，高度评价2014年党风廉政建设和反腐败斗争取得的明显成效，就做好今年党风廉政建设和反腐败工作提出4个重点要求，强调了要加强纪律建设、把守纪律讲规矩摆在更加重要的位置，进而从四个方面强调推进反腐倡廉制度建设。学习习近平总书记的讲话，扑面而来的是我们党反腐败不容置疑、坚定不移的决心，强烈感受到的是反腐败斗争必胜的坚定信心。

必须看到，反腐败斗争正进入关键时期，一些奇谈怪论正在试图蛊惑人心。在相当意义上说，反腐败与腐败是一场价值观的较量，也是一场人心的较量。有人说反腐败影响经济发展，有人说反腐败会亡党、不反会亡国，有人说反腐败影响了党和国家形象，有人说反腐败不可能持续下去。凡此种种表明，在反腐败问题上，一些人存在模糊认识，还有一些似是而非的言论在影响人。对此，必须保持高度警惕。

事实上，党的十八大以来，我们党坚持"无禁区、全覆盖、零容忍"，坚持"老虎""苍蝇"一起打，让党风政风为之一新，党心民心为之一振。尤其是周永康、徐才厚、令计划、苏荣等"大老虎"的落马，正如习近平总书记在此次会议上所说，坚决查处的这些严重违纪违法案件，"向世人证明中国共产党敢于直面问题、纠正错误，勇于从严治党、捍卫党纪，善于自我净化、自我革新"。可以说，正是党中央绝不手软的反腐高压态势，不设禁区、特区、盲区的一往无前的反腐理念，使我们党空前地赢得了党心，归聚了民心。可以说，反腐败是党心民心所向，反腐败是兴党兴国之举。

看看被查处的那些腐败分子，没有一个是冤枉的。反倒是他们违法违纪的事实触目惊心，让人民群众分外痛心。民脂民膏这样被腐败分子糟践，人民群众有没有怨言？社会进步会不会因此受到阻碍？党和国家形象会不会受到影响？事实雄辩地证明，不反腐败，才会尽失党心民心，导致一盘散沙。不设指标、不设上限，有一个抓一个，才会让人民信任党，我们党才会有前途，国家才会有希望。从根本上说，反腐败斗争已经变成一道选择题，要么得罪腐败分子，要么得罪亿万人民。对腐败分子还有什么好商量，还有什么好怕得罪?!

反腐败进入深水区，较量还在继续。腐败分子绝不会那么轻易收手，还会不断变换花样，还在不断制造各种障碍。但只要我们认准，反腐败就能赢得党心民心，反腐败就是同人民站在一起，就是同党和国家的前途命运站在一起，我们就不怕遇到什么样的困难和挑战。有全党的拥护，有人民的支持，这场攻坚战、持久战就一定能够打赢。

2015 年 1 月 13 日

反腐新常态　贴心老百姓

6日上午，习近平总书记参加江西代表团审议时，代表们谈到江西省 2014 年经济社会发展各项指标全线飘红。与此同时，狠抓反腐倡廉和中央"八项规定"精神落实。习近平说："可见，反腐并不会影响经济发展，反而有利于经济发展持续健康。"

两会伊始，反腐败就成为关注度高的热议话题，这在网络世界里尤其凸显。反腐已成为两会的"流行色"，拉近了与老百姓的距离，回应了老百姓的呼声，让越来越多的网民觉得两会"更贴心"。

反腐怎么搞？还有哪些新措施？这是许多民众对两会的期待之一，寄托了人们对清爽政风的美好向往。新华网最新的两会调查热点调查榜单显示，"反腐倡廉"高票位居第二，这一话题连续近十年保持在两会热点调查前三位。

想群众之所想，积极响应群众的关切，是党和政府的一贯作风。国务院总理李克强 5 日在政府工作报告中明确提出，以权力瘦身为廉政强身，反腐将一如既往保持高压态势。对腐败行为，无论出现在何处都以零容忍的态度，严办到底。舆论认为，这意味着中国已进入反腐新常态阶段，反腐不但是建设廉洁政府的重要抓手，也成为依法治国的重要推动力。

党的十八大以来，强调"以零容忍态度惩治腐败"，坚持"老虎""苍蝇"一起打。以习近平同志为总书记的党中央，以猛药去病、重典治乱的决心，以刮骨疗毒、壮士断腕的勇气，打出一系列反腐"组合拳",一批重大案件得以查处,一批腐败分子纷纷落马。前所未有的反腐力度,彰显了言出必行的政治品格,赢得了全党全社会的衷心赞誉和拥护。党的十八大以来,被调查的省部级以上官员已逾50名。

过去一年,在党中央坚强领导下,党风廉政建设和反腐败斗争不断深入、成绩斐然,既有遏制"四风"蔓延的显著效果,也有深得民心的"打虎""拍蝇""猎狐"。坚定不移惩治腐败,亦是代表委员们的共同愿望。两会,不仅把党的反腐政策上升为国家意志,而且是一个沟通上下、建言献策的重要平台。多年来,代表委员们在反腐败方面与党高度一致,提交了大量议案提案,为反腐败斗争作出了重要贡献。此次两会,诸多代表委员认为,如今铺张浪费的风气已得到了很好的遏制,无论企业高管还是普通市民,节俭已成为很多人的生活习惯。又比如,一些代表委员提出严格把握基层公务员的准入制度,建设廉政考核制度,加强行政监察、审议监督的力度等一系列廉政建议。

腐败是人类社会的毒瘤。中国强力反腐得到国际社会高度评价,中国的国际形象因此而大为提升。国际舆论认为,反腐倡廉不仅有助于中国共产党加强自身建设以及推动全面深化改革,而且对世界许多国家的反腐斗争有着借鉴意义。此次两会,有上千名海外记者注册参加报道,反腐倡廉亦是他们关注的重点之一。突尼斯记者哈吉比的看法很有代表性,"我想从中国反腐经验中寻找突尼斯的解决之道。"

扬汤止沸,不如釜底抽薪。反腐败成绩的取得,除了有坚定决心以外,制度反腐是关键。制度带有根本性、全局性、稳定性和长期性,只有坚持用制度管权、用制度管人、用制度管事,才能从根本上清除滋生腐败的土壤,铸牢防止滥用权力的"笼子"。反腐新常态,说到底,就是高举制度反腐的大旗。制度反腐包含两方面内容,一是党纪,一是国法,两者相辅相成,不可或缺。

党的十八大以来，从首次中央党内法规和规范性文件集中清理工作全部完成到《中国共产党党内法规制定条例》出台，从《党政机关厉行节约反对浪费条例》等规章制度到《中国共产党巡视工作条例（试行）》修订工作全面启动，制度之"笼"越织越密。

制度反腐是依法治国的重要组成部分。中共十八届四中全会提出，加快推进反腐败国家立法，完善惩治和预防腐败体系，形成不敢腐、不能腐、不想腐的有效机制。因此，全国人民代表大会作为国家最高立法机构，大有可为。如何进一步完善反腐方面的法律法规，是代表委员们的职责所在。

气正能聚力，风正好扬帆。习总书记指出，党风廉政建设和反腐败斗争是"一项长期的、复杂的、艰巨的任务，不可能毕其功于一役"。当前，铁腕反腐依然是时代的呼声，"打虎拍蝇"永远在路上。人们相信，此次两会将在反腐败方面会发挥更大作用，提出更多让老百姓点赞的新举措，共同为国家发展构筑一个风清气正的好生态。

2015 年 3 月 8 日

强化反腐决心　坚定必胜信心

令计划被开除党籍、开除公职，其涉嫌犯罪问题及线索被移送司法机关依法处理，这充分彰显出党中央依法惩治腐败的坚定不移决心，充分鼓舞了全党全国人民的反腐必胜信心。全党上下、全国人民一定会拥护中央的这一决定，支持中央反腐无禁区。

治国必先治党，治党务必从严。全面从严治党的关键一条，就是对腐败分子决不容忍，对腐败行为决不手软，始终保持惩治腐败高压态势。对此，人民群众一个直观的判断标准就是，敢不敢对腐败高官动真格。从周永康、徐才厚、苏荣到令计划等百姓眼里的"大老虎"被依法依规查处表明，反腐败没有禁区、特区、盲区，没有"铁帽子王"。"不管涉及什么人，不论权力大小、职位高低，只要触犯党纪国法，都要严惩不贷"的承诺，党中央说到做到。

法治是党的执政理念，是治国理政的基本方式。党的十八届四中全会指出："依法执政，既要求党依据宪法法律治国理政，也要求党依据党内法规管党治党。"把反腐败纳入法治化轨道，对党内腐败分子依法依规惩处，彰显的正是党的法治信念，是治理能力现代化的一个重要特征。惩治令计划等腐败分子，严格遵循了党纪国法，始终在法治轨道上行事，这充分表明"以事实为依据，以法律为准绳"的理念贯穿在反腐败的进程中，体现在细节里。

建设廉洁政治，是我们党的崇高追求。这就要求，不仅要构筑崇清尚廉的信念境界，还要构筑拒腐防变的防线。党的十八大以来，党中央依法依规坚决查处了一大批腐败分子，党风政风为之一新，使党员和党的各级组织筑牢了防线，提升了修养。但也必须看到，反腐败的形势依然严峻，腐败和反腐败正两军对垒，呈"胶着状态"。这归根到底，是一场信念的较量。光明前进一分，黑暗就后退一分。对每一个腐败分子的依法惩处，就是一次信念的强化，就是一次向廉洁政治的胜利进军。

反腐败的背后，是一本民心大账。反腐败的实质，是一场人心的争夺。每一个腐败分子的落马，就是一次人心的凝聚。全党同志在反腐败问题上必须明白，不得罪腐败分子，就会得罪人民群众。在这笔民心大账面前，我们党没有别的选择。坚定地同人民站在一起，同腐败分子作最坚决的斗争，我们党就能最大限度地凝聚民心，就没有什么不可战胜。

2015 年 7 月 20 日

反腐没有休止符

时值中伏，中国的反腐行动亦是热火朝天。周一刚刚宣布令计划被开除公职移交司法机关，周五又有重磅消息传来：河北省委书记、省人大常委会主任周本顺涉嫌严重违纪违法接受组织调查。在网民"又打了一只老虎"的欢呼声中，党中央坚决反腐的举措更加深入人心。

周本顺落马再创反腐新纪录——现职省委书记被查。令计划与周本顺前后脚落马表明，反腐没有"固定节奏"，反腐没有"高低潮"，反腐早已步入常态化。猛药去疴，重典治乱，反腐虽猛但绝不是"一阵风"。党的十八大以来，反腐行动持续推进，让早先一些"观望者"看清了中国共产党对腐败零容忍的坚定。反腐成为重塑清朗党风政风和和煦社会风气的强大推动力量。普通民众感受最深的是：领导干部蝇营狗苟的少了，心无旁骛专心于工作的多了；社会上高档奢华场所关闭转行的多了，骄奢淫逸炫耀比阔、比奢的少了。

2015 年是中国全面深化改革的关键之年，也是强有力的反腐之年。反腐，为中国新一轮改革清障开路；反腐，为中国新一轮改革涤荡尘埃。打造不敢腐、不能腐、不想腐的有效机制，必将为改革巨轮的前行提供源源不断的动力。

抓铁有痕，踏石留印。反腐倡廉是关乎人心向背、党的生死存亡的重大命题，重拳反腐不停歇，反腐没有休止符，天下之大，不容腐败有容身之处。有反腐的雷霆威慑；有党纪国法的严格规范；有"三严三实"的心灵塑造，党风政风的根本性好转指日可待。

2015 年 7 月 24 日

四个"反腐自信"让党更有力量

"全党同志对党中央在反腐败斗争上的决心要有足够自信，对反腐败斗争取得的成绩要有足够自信，对反腐败斗争带来的正能量要有足够自信，对反腐败斗争的光明前景要有足够自信。"在十八届中央纪委六次全会上，习近平总书记发表重要讲话，强调坚持全面从严治党依规治党，创新体制机制强化党内监督，号召全党要增强四个"反腐自信"，坚决遏制腐败蔓延势头，不断取得党风廉政建设和反腐败斗争新成效。

这四个"反腐自信"，既是对党的十八大以来以习近平同志为总书记的党中央坚持党风廉政建设和反腐败斗争态势的生动描述，又是对这一态势的深刻把握。继续这一态势，顺应这一大势，是党心所指，更是民心所向。

回望党的十八大以来的三年多时间里，以习近平同志为总书记的新一届中央领导集体，以作风建设开局起步，强力正风反腐，一大批违反"八项规定"精神的问题受到查处，一大批"老虎""苍蝇"被绳之以党纪国法，党风政风为之一新，党心民心为之一振。诚如习近平总书记曾经指出的："坚定不移惩治腐败，是我们党有力量的表现，也是全党同志和广大群众的共同愿望"。

从目前正风反腐的大气候来看，不敢腐的震慑作用充分发挥，不能腐、不想腐的效应初步显现，反腐败斗争压倒性态势正在形成。在反腐败斗争形势非常严峻的情况下，形成这样的大气候、好态势相当不易。这充分说明，以习近平同志为总书记的党中央在反腐败斗争上决心坚定、措施有力。从根本上说，坚定了这个自信，我们党就会更有力量。只要上下一心，全党同心，就没有什么阻力能阻挡党前进的脚步，就没有什么因素能削弱党自我净化的决心。

"民心是最大的政治，正义是最强的力量"。"反腐败增强了人民群众对党的信任和支持，人民群众给予高度评价。"人民群众的信任和评价，来源于反腐败斗争取得的实实在在的成绩，来源于反腐败斗争带来的强大正能量，来源于反腐败斗争所展示的光明前景。把反腐败斗争的成绩、正能量、光明前景继续下去，把自信保持下去，人民群众就会更加支持拥护党，党的执政根基就会更加稳固。可以说，坚定四个"反腐自信"，人民就会更加信任党，党就会更加具有凝聚力和向心力。

"打铁还需自身硬"是党的庄严承诺，这个承诺没有休止符，这就决定了全面从严治党永远在路上。唯有尊崇党章，把作风建设抓到底，坚决遏制腐败现象滋生蔓延势头，让群众更多感受到反腐倡廉的实际成果，致力于净化政治生态；唯有抓住"加强党的领导"这个核心，"全面"这个基础，"严"这个关键，"治"这个要害，党才能更加坚强有力，始终取信于民，以一个敢于自我净化、自我完善、自我革新、自我提高的马克思主义政党屹立于世界政党之林。

2016 年 1 月 13 日

治国理政，新思想新成就

"以人民为中心"开辟伟大事业新境界

——一论以习近平同志为总书记的
党中央治国理政新思想新成就

"坚持以人民为中心的发展思想",在共迎 2016 年元旦的全国政协新年茶话会上,习近平总书记如此强调。2012 年 11 月 15 日,刚刚当选中共中央总书记的习近平和其他中央政治局常委同中外记者见面时就曾鲜明宣示:"人民对美好生活的向往,就是我们的奋斗目标"。

人民信念、人民理念,是党的宗旨所在,是贯穿以习近平同志为总书记的党中央治国理政的主旨主线。正是在这一信念与理念的指引下,本届中央领导集体带领全国各族人民推进治国理政新实践,取得来之不易的新成就,形成一系列治国理政新理念新思想新战略,开创了党和国家事业发展新局面,开辟了坚持和发展中国特色社会主义的新境界。

"以人民为中心""人民至上",三年多来,以习近平同志为总书记的党中央不断深化对"人民"的理论与实践认知,提出了一系列新理念新论断新要求,付诸造福人民的生动实践,使人民得到更多实惠,使党群干群关系更紧密,使党心民心更凝聚。人民,不仅是三年多来一系列治国理政新理念新思想新战略的出发点和落脚点,更是党执政兴国的思想源泉与奋斗坐标。

"民为邦本,未有本摇而枝叶不动者。"习近平总书记一直这样告诫全党、警醒全党,"一个政党,一个政权,其前途和命运最终取决于人心向背。如果我们脱离群众、失去人民拥护和支持，最终也会走向失败。""如果管党不力、治党不严，人民群众反映强烈的党内突出问题得不到解决，那我们党迟早会失去执政资格。""坚持人民主体地位，充分调动人民积极性，始终是我们党立于不败之地的强大根基。"在河南兰考调研时，他曾这样发问：革命战争年代我们党同敌人作斗争，一刻也离不开老百姓的保护和支持，党执政了是不是能做到一刻也离不开老百姓？他多次强调，任何政党的前途和命运最终都取决于人心向背，人心就是力量，人心是最大的政治。

为民造福是共产党人必须具备的执政情怀。习近平总书记曾在多个重要场合强调：共产党人必须有"天下之治乱，不在一姓之兴亡，而在万民之忧乐""善为国者，遇民如父母之爱子，兄之爱弟，闻其饥寒为之哀，见其劳苦为之悲"的情怀，强调我们党执政就是要为民造福，必须"始终保持党同人民群众的血肉联系，始终与人民心连心、同呼吸、共命运"。

"政之所兴在顺民心，政之所废在逆民心""得民心者得天下，失民心者失天下"，这是历史启示的真理。以习近平同志为总书记的党中央以人民为中心治国理政，让人民得到了更多福祉，也赢得了人民的支持和拥护。

2016 年 2 月 4 日

中国巨轮在伟大掌舵中行稳致远

——二论以习近平同志为总书记的
党中央治国理政新思想新成就

1月29日，习近平总书记在同党外人士共迎新春时强调，2015年，中共中央团结带领全国各族人民，协调推进"四个全面"战略布局，主动引领经济发展新常态，成功应对重大风险挑战，经济实力、科技实力、国防实力、国际影响力都迈上了新台阶。

这是对一年来我国经济社会发展成就的高度概括。回望党的十八大以来，我们在改革发展稳定、内政外交国防、治党治国治军各个方面取得的成就更为引人瞩目，我们党、国家、军队面貌焕然一新，当代中国正在发生历史性的深刻变化。

"暮色苍茫看劲松，乱云飞渡仍从容。"在极其错综复杂的国内外环境下，这些成就的取得来之不易，是全党全国各族人民顽强拼搏、团结奋斗的结果。从根本上说，是因为以习近平同志为总书记的党中央运筹帷幄，形成一系列治国理政新理念新思想新战略，为当代中国发展进步提供了科学理论指导和行动指南。

这三年多来，以习近平同志为总书记的党中央率先垂范，形成领导带头、以上率下的强大势场，党风政风社风民风显著改变，党心军心民心更加凝聚。三年多来，习近平总书记到地方考察调研28次，足迹遍布全国23个省区市和澳门特别行政区，深入农村、社区、工厂车间、港口码头；调研时，吃自助餐，吃大盆菜，住临时板房，同村民一起摘柚子，排队点餐，用自己的钱为乡亲购买年货。诚如习近平总书记的肺腑之言："虽然我们面临困难挑战、荆棘丛生，但我们有世界上最好的人民。我和我们的人民心在一起、苦在一起、干在一起。"三年多来，从登甲板、进舱室深入战位了解训练，到上战车、入班排观摩实兵实弹演练，再到冒着零下30摄氏度的严寒察看执勤设施和内务设置，习近平主席足迹踏遍全军部队。三年多来，习近平主席出访20次，累计138天，行程近40万公里，相当于绕地球飞行近10圈，足迹遍布各大洲。

三年多来的实践已经证明并将进一步证明，习近平总书记具有统筹改革发展稳定、内政外交国防、治党治国治军的雄才大略，高瞻远瞩、运筹帷幄的领袖风范，心系国家、情系人民的人格魅力，习近平总书记具有马克思主义政治家的政治智慧、理论勇气、卓越才能、驾驭全局能力，提出的一系列新的重大理论观点，开辟了马克思主义中国化新境界，开辟了坚持和发展中国特色社会主义新境界。

在同党外人士共迎新春时，习近平总书记强调："我国发展航船要抵达全面小康社会的彼岸，既需要中国共产党为这艘巨轮掌好舵，也需要中国共产党和广大统一战线成员一起划好桨。"今天，中国这艘巨轮稳步前行，正在于有习近平总书记这个高瞻远瞩、运筹帷幄的掌舵者，在于他有深沉的文化自觉和文化自信。诚如他所言："我们从哪里来？我们走向何方？中国到了今天，我无时无刻不提醒自己，要有这样一种历史感。伫立在天安门广场的人民英雄纪念碑有一组浮雕，表现的是1840年鸦片战争到1949年中国革命胜利的全景图。我们一方面缅怀先烈，一方面沿着先烈的足迹向前走。我们提出了中国梦，它的最大公约数就是中华民族伟大复兴。……中国有坚定的道路自信、理论自信、制度自信，其本质是建立在5000多年文明传承基础上的文化自信。"

"人心向背、力量对比决定事业成败"。只要我们紧密团结在以习近平同志为总书记的党中央周围,凝聚最大公约数,形成最大同心圆,中国这艘巨轮一定会不断劈波斩浪、始终行稳致远,实现梦想的浩荡抵达。

2016 年 2 月 5 日

"三个自信"托举壮丽中国梦

——三论以习近平同志为总书记的
党中央治国理政新思想新成就

自信，是一个国家发展振兴的民气民魂所在。历史经验证明，没有自信的民族没有希望，缺乏自信的事业难以成功。

新一届中央领导集体执政三年以来，习近平总书记在多次重要讲话中强调，我们要坚持道路自信、理论自信、制度自信。他指出，道路、理论、制度三位一体，统一于中国特色社会主义的伟大实践，这是中国特色社会主义的最鲜明特征，是实现民族复兴的中国梦的强大精神力量。

人们看到，这几年，我国遇到内政外交棘手问题不少，攻坚克难风险不小，但我们始终坚定不移地推进中国特色社会主义伟大事业，一心一意、专心致志，朝着既定目标不懈努力。我们之所以取得新成就，一个极其重要的根由就是，坚持"三个自信"毫不动摇。

道路选择关乎兴衰成败。而面对错综复杂的国际国内形势，中国走什么路？国内外高度关注。三年多来的实践宣示：不走封闭僵化的老路，不走改旗易帜的邪路，而是大道直行，走中国特色社会主义道路。我们的各项工作，始终围绕着现代化目标、围绕着让人民的生活更美好而推进、而展开。既坚持以经济建设为中心，又全面推进经济、政治、文化、社会、生态文明建设；既坚持四项基本原则，又坚持改革开放；既解放和发展生产力，也重视共同富裕、促进人的全面发展。可以说，在道路问题上，中国老百姓有着高度共识。同时，国外舆论不仅赞美中国的成绩，对中国道路也有越来越多的理解和肯定。正如基辛格所说，中国展现的活力是世界的一大奇观。

理论指导决定行动方向。这三年，伴随着现代化建设的实践，党的理论创新不断向前推进。面对新矛盾新问题，习近平总书记强调，要以我国改革开放和现代化建设的实践问题、以我们正在做的事情为中心，着眼于马克思主义理论运用，着眼于对实际问题的理论思考，着眼于新的实践和新的发展。从"四个全面"战略布局的制定，到"五大发展理念"的提出，我们对现代化建设的规律有了更加深刻的认识。不仅对总体布局、协调推进，而且对具体路径、实现形式，都胸有成竹，表明我们对马克思主义立场观点方法运用达到新的高度。我们的党是注重理论建设的党，更是善于理论联系实践的党。中国特色社会主义，不仅展示了中国和平崛起的壮丽进程，而且必将闪耀出科学理论的灿烂光芒。

制度建设提供根本保证。制度乃是国家之根本，没有好的制度，很难实现国家发展振兴、长治久安。习近平总书记在党的十八大召开不久就指出："中国特色社会主义事业不断发展，中国特色社会主义制度也需要不断完善。"这三年，我们坚持把党的领导、人民当家作主和依法治国统一起来，坚持把根本政治制度、基本政治制度同基本经济制度以及各方面制度结合起来。立法监督、执法能力和规范化水平明显提高，可以说这几年，国家管理有序有效，政治社会稳定，人民安居乐业，国家欣欣向荣。当然，中国特色社会主义制度远不是尽善尽美、成熟定型的，正如习近平总书记所说，我们要坚持完善现有制度，从实际出发，及时制定新的制度，构建系统完备、科学规范、运行有效的制度体系。

中国特色社会主义道路、理论、制度，这是经过无数艰辛探索而获得的最宝贵的经验。"三个自信"，构筑着强国之路，兴国之本，立国之基。

2016 年 2 月 6 日

中国梦是激励中华儿女砥砺前行的灯塔

——四论以习近平同志为总书记的
党中央治国理政新思想新成就

历史长河里，总有一些非比寻常的时刻，对国家、民族、个人、世界都会产生深远的影响。2012年11月29日上午就是这样一个重要时刻，习近平总书记参观《复兴之路》展览，首次向世界阐述中国梦——"实现中华民族伟大复兴，就是中华民族近代以来最伟大的梦想。"

3年多来，中国梦，以其穿越时空的强大感召力和生命力，成为激励中华儿女奋勇拼搏的"新图腾"，成为照亮人们砥砺前行的灯塔，成为中国走向世界的"新名片"。

中国梦是国家的梦，是民族的梦。中国梦，"凝聚了几代中国人的夙愿，体现了中华民族和中国人民的整体利益，是每一个中华儿女的共同期盼。"当下，中国已行至全面建成小康社会决定性阶段，我们比任何时候都更加需要精神支撑和梦想引领，去实现民族复兴征程上的历史性跨越。习总书记提出的中国梦，成为引领我们前行的精神旗帜和奋斗的动力之源。

中国梦是人民的梦，中国梦最深沉的根基在人民心中。去年访美，习近平主席向世界讲述梁家河变迁的故事，揭示了中国梦最深沉的根基："中国梦是人民的梦，必须同中国人民对美好生活的向往结合起来才能取得成功。"国家富强，民族振兴，归根结底是为了人民能过上幸福生活。中国梦是强国梦、复兴梦，更是让人民幸福的伟大梦想。中国梦恢宏而又具体，让学有所教、劳有所得、病有所医、老有所养、住有所居，将中国梦化为老百姓身边一个个摸得着的现实细节，中国梦才有无尽的生命力。生机勃发的中国为个人梦想提供广阔生长空间，而个人的拼搏进取，又为民族复兴梦想插上腾飞的翅膀。

中国梦与世界各国人民的梦交相辉映，联通着中国与世界。中国梦，是合作共赢的梦，是开放包容的梦。"中国梦是中国人民追求幸福的梦，也同各国人民的美好梦想息息相通。中国发展必将寓于世界发展潮流之中，也将为世界各国共同发展注入更多活力、带来更多机遇。"这是习主席去年访英时的话语，平易而深刻地阐明中国梦的世界意义。在新的历史起点上，中国梦与世界各国梦想必将进一步交汇，奏响中国与世界合作共赢的壮美乐章。

昂扬，因为有梦。中国梦聚合起 13 亿人民的磅礴之力，激发起中华儿女的冲天豪情，推动着中国巨轮驶向民族复兴的浩瀚大洋。

2016 年 2 月 7 日

"五大发展理念"确保实现全面小康

——五论以习近平同志为总书记的
党中央治国理政新思想新成就

实现全面小康目标必须加快发展，而靠什么发展，怎样发展，始终是国家的重大战略问题。

新一届中央领导集体审时度势，在制定"十三五"规划时，明确提出创新、协调、绿色、开放、共享的发展理念。习近平总书记指出，"五大发展理念"是"十三五"乃至更长时期我国发展思路、发展方向、发展着力点的集中体现，也是改革开放 30 多年来我国发展经验的深刻总结，集中反映了我们党对我国经济社会发展规律认识的深化。

"五大发展理念"的提出绝非偶然，它是由我国基本国情和发展的阶段性特征决定的。未来五年，我国的发展面临不少困难甚至挑战。如何解决好经济规模大而不强、经济增长快而不优，关键领域的核心技术受制于人的被动局面。如何解决好区域发展不平衡、城乡发展不协调、产业结构不合理的问题。如何解决好环境污染严重，生态系统退化，发展与人口资源环境之间的突出矛盾。如何顺应我国经济深度融入世界经济的趋势，应对外部环境变化，更好利用两个市场、两种资源。如何解决好收入差距较大、社会矛盾较多、部分群众生活比较困难等问题。这些都是全面建成小康社会必须破解的难题。

以习近平同志为总书记的新一届中央领导集体，对这些发展问题进行了深入思考，从战略全局的高度，提出了一系列关于发展的重要观点，这些集中反映在"五大发展理念"之中。

——在发展动力上，强调创新是引领发展的第一动力。要切实把发展基点放在创新上，深入实施创新驱动发展战略，塑造更多依靠创新驱动、更多发挥先发优势的引领型发展。

——在发展的协调性上，强调协调是持续健康发展的内在要求。要紧扣解决发展中不平衡、不协调、不可持续问题，切实把调整比例、补齐短板、优化结构作为一项重大而紧迫的任务，增强发展后劲。

——在发展模式上，强调绿色是永续发展的必要条件和人民对美好生活追求的重要体现。要把生态文明建设贯穿于经济社会发展各方面和全过程。

——在发展的开放性上，强调开放是国家繁荣发展的必由之路。要深化全方位对外开放，努力形成深度融合的互利合作格局。

——在发展的目的上，强调共享是中国特色社会主义的本质要求。要按照人人参与、人人尽力、人人享有的要求，坚守底线、突出重点、完善制度、引导预期，注重机会公平，保障基本民生，实现全体人民共同迈入全面小康社会。

理论是实践的先导。可以说，对"五大理念"认识越深刻，贯彻落实就越自觉。随着现代化建设进程不断向前推进，"五大理念"作为理论创新的最新成果，其推动经济社会发展的作用将愈益显示出来，并成为全面建成小康社会的强大助力。

2016 年 2 月 8 日

在改革中更好掌握当代中国命运

——六论以习近平同志为总书记的
党中央治国理政新思想新成就

2012年12月，党的十八大召开后不久，习近平总书记首次外出调研，就选择得改革开放风气之先的广东，宣示的正是改革的坚定决心。

三年多来，以习近平同志为总书记的党中央，以"没有改革开放，就没有中国的今天，也就没有中国的明天"的历史眼光与科学认知，以"敢于啃硬骨头，敢于涉险滩"的勇气与胆识，开启新一轮改革的伟大进军，推进当代中国越沟迈坎、坚毅前行，不断取得新的改革成果，形成了科学的、系统的改革观，为当代中国的改革发展实践提供了有力的理论指引。

这一改革观，体现在改革方向上，"必须坚持正确方向，沿着正确道路推进"。习近平总书记多次强调改革的方向和道路问题。如果路走错了，南辕北辙了，那再提什么要求和举措也都没有意义了。因此，必须"牢牢把握改革正确方向，在涉及道路、理论、制度等根本性问题上，在大是大非面前，必须立场坚定、旗帜鲜明"。

这一改革观，体现在改革目的上，"让人民群众有更多获得感"。人民是我们党推进改革的动力源泉和价值依归。"一切改革归根结底都是为了人民，是为了让老百姓过上好日子"，必须"积极回应广大人民群众对深化改革开放的强烈呼声和殷切期待"，深入了解"改革能给群众带来的利益有多少"，要"从人民利益出发谋划思路、制定举措、推进落实"，"做到改革为了群众、改革依靠群众、改革让群众受益"。

这一改革观，体现在改革信念上，"只有进行时没有完成时"。改革开放是一场"新的伟大革命"。改革的重大历史任务"就是推动中国特色社会主义制度更加成熟更加定型"，为党、国家和人民的美好未来"提供一整套更完备、更稳定、更管用的制度体系"。强调坚定制度自信"不是要固步自封，而是要不断革除体制机制弊端，让我们的制度成熟而持久"，宣示"改革不停顿、开放不止步""必须一代又一代人接力干下去"。

这一改革观，体现在改革策略上，"以更大的政治勇气和智慧，不失时机"。"对党和人民事业有利的，对最广大人民有利的，对实现党和国家兴旺发达、长治久安有利的，该改的就要坚定不移改"，强调这才是对历史负责、对人民负责、对国家和民族负责。"改革开放在认识和实践上的每一次突破和发展，无不来自人民群众的实践和智慧""善于通过提出和贯彻正确的改革措施带领人民前进，善于从人民的实践创造和发展要求中完善改革的政策主张"。三年多来的改革实践已经表明，改革的勇气与智慧缺一不可。

这一改革观，体现在改革方法上，"必须坚持正确的方法论"。改革要在艰难中开辟前进之路，就必须把握改革脉搏，把握改革内在规律，特别是把握改革的几个重大关系。"处理好解放思想和实事求是的关系、整体推进和重点突破的关系、顶层设计和摸着石头过河的关系、胆子要大和步子要稳的关系、改革发展稳定的关系"。同时，还要把握改革与开放、法治的关系。"改革和开放相辅相成、相互促进，改革必然要求开放，开放也必然要求改革""以开放促改革、促发展""凡属重大改革都要于法有据""在整个改革过程中，都要高度重视运用法治思维和法治方式""确保在法治轨道上推进改革"。

这一改革观，体现在改革实践上，"在不断实践探索中推进"。强调"改革是由问题倒逼而产生，又在不断解决问题中得以深化"，要求"突出改革的系统性、整体性、协同性""发挥改革的突破性和先导性作用""把鼓励基层改革创新、大胆探索作为抓改革落地的重要方法"。三年多来，从抓改革方案，到抓改革责任，从抓改革突破口，到抓改革试点，改革在实践中次第开花、落地生根。

从党的十八届三中全会制定改革总施工图和总台账，到中央全面深化改革领导小组迄今已召开 20 次会议部署和推进改革落实，再到每年确定的重点任务基本完成，改革正有条不紊向纵深挺进。面向未来，要破解发展面临的各种难题，化解来自各方面的风险和挑战，更好发挥中国特色社会主义制度优势，推动经济社会持续健康发展，诚如习近平总书记所言，"除了深化改革开放，别无他途"。

2016 年 2 月 9 日

在信仰法治中建设法治中国

——七论以习近平同志为总书记的
党中央治国理政新思想新成就

2012 年 12 月，刚刚当选中共中央总书记不久，习近平同志在首都各界纪念现行宪法公布施行 30 周年大会上庄严宣示，"依法治国，首先是依宪治国；依法执政，关键是依宪执政"。2013 年 3 月，当选国家主席后，习近平同志向全国人民郑重宣誓，"我将忠实履行宪法赋予的职责"。

三年多来，从宣示"没有法律之外的绝对权力"，到告诫"让人民群众在每一个司法案件中都感受到公平正义"，再到要求"领导干部要做尊法学法守法用法的模范"，以习近平同志为总书记的党中央信仰法治，践行法治，形成了一系列建设法治中国的新理念新思想，把全面依法治国作为重要战略举措纳入"四个全面"战略布局，有力指导推进了当代中国全面依法治国进程。

这一新理念新思想，深入回答了党和法治的关系。党和法治的关系是法治建设的核心问题。全面推进依法治国这件大事能不能办好，最关键的就是方向是否正确、政治保证是否坚强有力。习近平总书记强调，"党的领导是中国特色社会主义最本质的特征"，是社会主义法治最根本的保证，是中国特色社会主义法治之魂。指出"社会主义法治必须坚持党的领导，党的领导必须依靠社会主义法治""党和法、党的领导和依法治国是高度统一的"。"坚持党的领导，坚持中国特色社会主义制度，贯彻中国特色社会主义法治理论"这 3 个方面，"是中国特色社会主义法治道路的核心要义，规定和确保了中国特色社会主义法治体系的制度属性和前进方向"。这些重要论述，正本清源，指明方向，对于建设法治中国意义重大。

这一新理念新思想，深刻回答了法治建设的基本问题。习近平总书记强调，"坚持党的领导，就是要支持人民当家作主，实施好依法治国这个党领导人民治理国家的基本方略""法是党的主张和人民意愿的统一体现""法律是成文的道德，道德是内心的法律""把法治建设和道德建设紧密结合起来，把他律和自律紧密结合起来，做到法治和德治相辅相成、相互促进"。对这些基本问题的回答，是实践经验的总结和升华，更是建设法治中国的重要遵循。

这一新理念新思想，全面丰富了建设法治中国的内涵。习近平总书记强调，在全面推进依法治国的总目标上，"加快建设中国特色社会主义法治体系"，形成"五大法治体系"；在工作布局上，坚持"三个共同推进"，坚持"三个一体建设"；在重点任务上，着力推进"科学立法、严格执法、公正司法、全民守法"。强调"正确处理党的政策和国家法律的关系"，做到"党领导立法、保证执法、带头守法"；"正确处理坚持党的领导和确保司法机关依法独立公正行使职权的关系"，"善于运用法治思维和法治方式领导政法工作"；坚持"法定职责必须为、法无授权不可为，决不允许任何组织或者个人有超越法律的特权"。强调"法律是治国之重器，良法是善治之前提"，要"发挥立法的引领和推动作用"；"公正是法治的生命线""司法公正对社会公正具有重要引领作用，司法不公对社会公正具有致命破坏作用""全面依法治国，必须紧紧围绕保障和促进社会公平正义来进行"；"法律的权威源自人民的内心拥护和真诚信仰"，要"使人民群众成为社会主义法治的忠实崇尚者、自觉遵守者、坚定捍卫者"。这些重要论断和重要部署，为推进法治中国建设，在实现经济发展、政治清明、文化昌盛、社会公正、生态良好的进程中"更好发挥法治的引领和规范作用",指明了目标和路径。

"法者,治之端也。"全面依法治国是关系党执政兴国、关系人民幸福安康、关系党和国家长治久安的重大战略问题,在信仰法治中推进法治,法治的阳光就会永久普照。

2016 年 2 月 10 日

锻造坚强领导核心的"治党方略"

——八论以习近平同志为总书记的
党中央治国理政新思想新成就

"党中央坚定不移反对腐败的决心没有变，坚决遏制腐败现象蔓延势头的目标没有变。"十八届中央纪委六次全会上，习近平总书记发出铿锵有力的声音，向全党传递坚定而明确的信号。三年前刚刚当选为中共中央总书记的习近平，就向 13 亿人民宣示"打铁还需自身硬""我们的责任，就是同全党同志一道，坚持党要管党、从严治党"。

党的十八大以来，本届中央领导集体以作风建设开局起步，强力正风、铁腕反腐，拉开全面从严治党的大幕，提出了一系列新理念、新论断，逐步形成了全面从严治党这个中国共产党的"治党方略"，有力指导和指引了党要管党、从严治党的伟大实践，把党的建设新的伟大工程推向了新的高度，把对共产党执政规律的认识引向了新的深度。

全面从严治党的"治党方略"，立足于对党执政地位、执政资格、执政根基的深刻认知。"全党同志必须在思想上真正明确，党的执政地位和领导地位并不是自然而然就能长期保持下去的，不管党、不抓党就有可能出问题甚至出大问题，结果不只是党的事业不能成功，还有亡党亡国的危险。""密切党群、干群关系，保持同人民群众的血肉联系，始终是我们党立于不败之地的根基。一个政党，一个政权，其前途和命运最终取决于人心向背。如果我们脱离群众、失去人民拥护和支持，最终也会走向失败。"正是有这样的深沉警醒与深重忧患，习近平总书记号召"全党必须警醒起来"，强调"落实党要管党、从严治党的任务比以往任何时候都更为繁重更为紧迫"。

全面从严治党，核心是加强党的领导，基础在全面，关键在严，要害在治。习近平总书记围绕思想建设、作风建设、组织建设、反腐倡廉建设、纪律建设、制度建设，提出了一系列新观点新理念新论断，既拓展了管党治党的理论内涵，又指引了从严治党的新实践。

在思想建设方面，把理想信念比喻为共产党人精神上的"钙"，强调要防止"得'软骨病'"，指出"思想上的滑坡是最严重的病变"，必须"解决好世界观、人生观、价值观这个'总开关'问题"；在作风建设方面，强调"作风问题，核心是党和人民群众的关系问题，根本是始终保持党同人民群众的血肉联系""作风建设是攻坚战，也是持久战""作风建设永远在路上，永远没有休止符"；在组织建设方面，提出"二十字"好干部标准，强调"全面从严治党，关键是从严管好用好领导干部""保证能者上、庸者下、劣者汰，形成良好的用人导向和制度环境"；在反腐倡廉建设方面，强调要有"零容忍"态度，保持"高压态势"，坚持"老虎""苍蝇"一起打，建设廉洁政治，让"干部清正、政府清廉、政治清明"；在纪律建设方面，提出"三严三实"要求，强调"加强纪律建设是全面从严治党的治本之策""纪严于法、纪在法前""把严守政治纪律和政治规矩排在首要位置"；在制度建设方面，强调"依规治党""把权力关进制度的笼子""用制度管权管事管人""推动形成不敢腐不能腐不想腐的有效机制"。

三年多来，一大批违反中央"八项规定"精神的问题和人分别受到查处和处理，一大批"老虎""苍蝇"被绳之以党纪国法，党风政风为之一新，党心民心为之一振。"全面从严治党永远在路上"，保持对反腐败的四个"足够自信",坚定不移反对腐败,坚决遏制腐败现象蔓延势头,建设廉洁政治,构建良好政治生态,把党的建设新的伟大工程推向前进,中国共产党必将在不断自我净化、自我完善、自我革新、自我提高的进程中,始终走在时代前列。

2016 年 2 月 11 日

以核心价值观凝魂聚气强基固本

——九论以习近平同志为总书记的
党中央治国理政新思想新成就

"把培育和弘扬社会主义核心价值观，作为凝魂聚气、强基固本的基础工程。"习近平总书记在中共中央政治局集体学习时讲的一番话，一语中的地指出了社会主义核心价值观在治国理政中重要的基础性作用。

党的十八大首次提出了社会主义核心价值观的理念，提出了富强、民主、文明、和谐，自由、平等、公正、法治，爱国、敬业、诚信、友善 24 字的具体内容。社会主义核心价值观体现了社会主义本质的根本价值取向，反映了全国各族人民共同认同的价值观的"最大公约数"，具有先进性和民族性的高度统一。社会主义核心价值观是坚持走中国道路的根本保证，是正在追梦中的全体中国人的道德准则、价值标准，是所有为实现中国梦而奋斗的中国人不可或缺的精神食粮。

"我们从哪里来？我们走向何方？"实现中华民族伟大复兴的中国梦，必须确立牢固的核心价值观，必须立足中华优秀传统文化，绝不能抛弃传统、丢掉根本，割断自己的精神命脉。"守国之度，在饬四维"，提出、倡导、弘扬社会主义核心价值观，事关国家的长治久安。需要看到，在中国社会转型加速的当下，社会意识形态和价值观取向表现出多样性、多元化的特点或倾向，信仰迷失，道德滑坡，价值观扭曲等等"精神缺钙"的现象存在于社会不同领域中，致使一些人模糊了历史，看不清现在，认不准未来。面对这样的现实，习近平总书记强调培育和弘扬社会主义核心价值观，凝民族之灵魂，聚奋斗之志气，振聋发聩，砥砺精神，极大地振奋了全国各族人民。习总书记还特别强调，青年一代要像"系好第一粒扣子"那样，打好人生基础，从现在做起，从自己做起，使社会主义核心价值观成为自己的基本遵循。谆谆教诲激励着年青一代，召唤他们意气风发地投身于改革创新的伟大事业中，成为实现中国梦的生力军。

"中国有坚定的道路自信、理论自信、制度自信，其本质是建立在 5000 多年文明传承基础上的文化自信"。中国提出的立足于中华优秀传统文化根基之上的中国价值观，既与世界文明的优秀成果有许多相通相融之处，同时对于"责任与自由""义务与权利""群体与个人""和谐与争斗"等等价值观念的认知、判断和把握，在正确理解处理国家、社会、个人不同层面价值观的关系方面，形成了独到而鲜明的特色，充满着中国式的睿智，具有广泛的价值认同，具有经得起历史检验的强大生命力。

"要切实把社会主义核心价值观贯穿于社会生活的方方面面"，"要注意把我们所提倡的与人们日常生活紧密联系起来，在落细、落小、落实上下功夫"，习总书记重视培育和弘扬社会主义核心价值观，强调必须将强烈的历史感与脚踏实地的务实精神相结合。"九层之台，起于累土""千里之行，始于足下"，培育和弘扬社会主义核心价值观，要从一点一滴的细节抓起，"使核心价值观的影响像空气一样无所不在、无时不有"，持之以恒，就一定能使全社会呈现更加健康向上欣欣向荣的面貌，这正是中国梦应有的美好景象。

2016 年 2 月 11 日

在新常态引领下因势而进

——十论以习近平同志为总书记的党中央治国理政新思想新成就

"'十三五'时期，我国经济发展的显著特征就是进入新常态。这是我国经济向形态更高级、分工更优化、结构更合理的阶段演进的必经过程。"进入 2016 年，习近平总书记在不同场合几次阐释"新常态"理念，为谋划"十三五"规划，为全面实现小康战略目标最后冲刺阶段的经济工作，指明了清晰思路，奠定了理论基石。

"新常态是一个客观状态，是我国经济发展到今天这个阶段必然会出现的一种状态，是一种内在必然性，我们要因势而谋、因势而动、因势而进。"对于中国这样一个经济体量巨大的大国而言，坚持以经济建设为中心，坚持发展是党执政兴国的第一要务，保持经济长期稳定的发展，其重要性不言而喻。事物发展螺旋式上升的运动规律表明，我国的经济发展从来不会是一帆风顺，必然会有产业结构、技术、市场等条件的制约，必然受到国际国内多重因素的影响，甚至经常遭到来自某些方面的恶意干扰。此时，需要对复杂多变的经济形势做出清醒冷静的分析判断，同时制定提出正确无误的应对策略。正是在这样的关键点，习近平总书记高屋建瓴地提出"新常态"的理念并作出系统阐释，论述对经济发展新常态"怎么看"和"怎么办"的问题，把握住中国经济发展内在必然性的"大逻辑"，从而紧紧把握住了今后一个时期中国经济发展的主动权。

认识新常态，首先要敢于面对经济发展过程中存在的问题，要有极大的定力。"风物长宜放眼量。分析中国经济，要看这艘大船方向是否正确，动力是否强劲，潜力是否充沛"。习总书记一再指出中国经济发展长期向好的基本面没有变，经济韧性好、潜力足、回旋余地大的基本特征没有变，经济持续增长的良好支撑基础和条件没有变，经济结构调整优化的前进态势没有变。在科学归纳的基础上提出"新常态"这一新理念，指明了中国经济列车继续前行的正确轨道，极大地坚定了全国人民的信心。

要把适应新常态、把握新常态、引领新常态作为贯穿发展全局和全过程的大逻辑，着重要解决"怎么办"的问题。于是人们看到，简政放权、改革创新，去产能、去库存、去杠杆、降成本、补短板，提高全要素生产率……一系列宏观调控的思路有了重大创新，转方式调结构的举措显现出新的变化。人们更注意到，党中央把脉现实，针对经济发展中的结构性矛盾，提出供给侧结构性改革这一破解难题的方案。习近平总书记进一步提出"情况要摸清""目的要明确""任务要具体""责任要落实""措施要有力"的五项要求，系统解答了供给侧结构性改革"干什么""谁来干""怎么干""如何落实"等具体问题，吹响了供给侧结构性改革攻坚战的冲锋号……

"不日新者必日退"。"新常态"是顶层设计，是新理念，同时也是全新挑战。可以坚信，随着体制机制变革不断释放出活力和创造力，随着科技进步不断造就出新的奇迹，满载梦想的中国航船将以更强劲的动力劈波斩浪，御风而行。

2016 年 2 月 13 日

让改革发展成果惠及全体人民

——十一论以习近平同志为总书记的
党中央治国理政新思想新成就

　　"要着力践行以人民为中心的发展思想。人民为中心的发展思想，不是一个抽象的、玄奥的概念，不能只停留在口头上、止步于思想环节，而要体现在经济社会发展各个环节。"新年伊始，习近平总书记在省部级主要领导干部学习贯彻十八届五中全会精神专题研讨班开班式上这样强调。

　　三年多来，以习近平同志为总书记的党中央坚持以人民为中心的发展思想，贯穿于治国理政新实践，体现于经济社会发展各环节，不仅取得了新成效、开辟了新境界，更形成了一系列以人民为中心的新理念新思想。归纳起来就是，把人民福祉作为奋斗的价值，把人民利益作为工作的标尺，把人民期待作为自己的行动，使全体人民在共建共享发展中有更多获得感。

　　人民利益是党工作的根本标尺和价值指向。"必须坚持把人民利益放在第一位"，人民的期待、呼声与希望，是党行动的号令。"人民对美好生活的向往，就是我们的奋斗目标"，三年多来，这些肺腑之言一直令百姓情动于衷、感于肺腑。"把人民的期待变成我们的行动，把人民的希望变成生活的现实""问题是时代的声音，人心是最大的政治。推进党和国家各项工作，必须坚持问题导向，倾听人民呼声"，习近平总书记这样不断强调人民这个价值坐标、不断强化人民心声这个行动信号。进而要求领导干部"干事创业一定要树立正确政绩观，做到'民之所好好之，民之所恶恶之'""时刻都要想着那些生活中还有难处的群众"，要让"所有需要帮助的人们都能生活得到保障、心灵充满温暖"，要"着力解决好人民群众最关心最直接最现实的利益问题，不断让人民群众得到实实在在的利益，充分调动人民群众的积极性、主动性、创造性"。

三年多来，在以人民为中心的发展思想指引下，人民群众在共建共享发展中有了更多的获得感。这三年多里，我国经济下行压力不断增大，但主要民生指标稳中有升，企业养老金连年上涨，退休人员共享发展成果。我们已经织就了世界最大的养老、医疗、教育三张"全民保障网"，致力于解决就业问题、攻坚脱贫难题。

"人民是历史的创造者，是我们的力量源泉"。造福人民取得的成绩，归根到底靠的是人民的支持参与，靠的是人民的主体力量，诚如习近平主席在 2015 年新年贺词中所指出的，"为了做好这些工作，我们的各级干部也是蛮拼的。当然，没有人民支持，这些工作是难以做好的，我要为我们伟大的人民点赞。"面向未来，一如习近平总书记所言："无论遇到任何困难和挑战，只要有人民支持和参与，就没有克服不了的困难，就没有越不过的坎。"

2016 年 2 月 14 日

建设美丽中国，实现永续发展

——十二论以习近平同志为总书记的党中央治国理政新思想新成就

党的十八大以来，以习近平同志为总书记的党中央把推进生态文明建设纳入"五位一体"总体布局，围绕建设美丽中国、深化生态文明体制改革提出了一系列新理念新举措。短短三年多时间，一个水更清、山更绿，人与自然更加和谐相处的美丽中国轮廓渐清地展现在国人面前。

"生态兴则文明兴，生态衰则文明衰"。习近平把生态文明建设摆在了一个前所未有的新高度。这一认识不仅源自于他对人类社会发展规律的准确把握，更深植于他对中华民族永续发展的使命担当。无论国内考察还是出国访问，习近平时时不忘生态二字，至少70多次提及"绿色发展""绿水青山""美丽中国"等生态关键词，"APEC蓝""留住乡愁"更是成为家喻户晓的"习式生态热词"。

"我们既要绿水青山，也要金山银山。宁要绿水青山，不要金山银山，而且绿水青山就是金山银山。"思想引领行动，理念指导实践。从"美丽中国"被首次写入党的十八大报告到绿色发展位列"五大发展理念"，反映的正是习近平对生态文明建设从未停歇的深邃思考。中国发展到现阶段，改变高能耗高污染的发展模式、不打折扣不再迟疑地保护好生态环境已然是当务之急。三年来，从四季如春的苍山洱海到大雪纷飞的大兴安岭，习近平总书记走到哪里，就把对生态文明建设的关怀和叮嘱带到哪里。不简单以 GDP 论英雄、坚持系统思维综合治理等理念变革带来了自上而下、由点及面、联动全国的新气象。新年伊始，习近平论及长江经济带时掷地有声的一句"共抓大保护、不搞大开发"更是让国人认识到生态文明建设已融入了经济社会发展方方面面。

"要立足我国基本国情和发展新的阶段性特征，以建设美丽中国为目标，以解决生态环境领域突出问题为导向，明确生态文明体制改革必须坚持的指导思想、基本理念、重要原则、总体目标，提出改革任务和举措，为生态文明建设提供体制机制保障。"以习近平同志为总书记的党中央提出了从《生态文明体制改革总体方案》到《关于加快推进生态文明建设的意见》的生态文明体制改革顶层设计，也打出了从《环境保护督察方案（试行）》到《党政领导干部生态环境损害责任追究办法（试行）》的贯彻落实"组合拳"。在这种坚持问题导向、标本兼治的新形势下，一个"产权清晰、多元参与、激励约束并重、系统完整"的生态文明体制初现雏形。

"良好生态环境是最公平的公共产品，是最普惠的民生福祉。"将生态文明建设提升到人民福祉、小康社会、实现中国梦的新境界是习近平的又一大创举。只有让"APEC 蓝"永驻，只有"留得住青山绿水，系得住乡愁"，让人民群众都生活在良好的生态环境中，才真正做到了习总书记铭记在心的"民之所望，政之所向"。而新一轮退耕还林还草的启动实施，大气污染防治行动计划的发布，"最严"水资源管理制度的进一步落实，更是让群众收获了真真切切的"环保获得感"。

"建设生态文明关乎人类未来，国际社会应该携手同行，共谋全球生态文明建设之路。"作为最大的发展中国家，中国在生态文明领域的国际话语权和号召力正伴随着习近平的宣介践行与日俱增。联合国大会，他倡议构筑尊崇自然、绿色发展的生态体系；气候变化巴黎大会，他号召构建合作共赢、公平合理的气候变化治理机制。而中国气候变化南南合作基金的设立、主动承诺近乎严苛的"国家自主贡献"更是让世界看到了知行合一的中国担当。正如联合国原助理秘书长马丁·李斯所说，"中国领导人强调建设生态文明、实现永续发展，无疑具有惠及全人类的世界性意义"。

"努力建设美丽中国，实现中华民族永续发展。"有习总书记有远见、有方略、有决心、有毅力的领导，山青水绿天蓝的美丽中国一定能早日建成。

2016 年 2 月 15 日

"习式外交"打造全方位大国外交新格局

——十三论以习近平同志为总书记的
党中央治国理政新思想新成就

外交是国家实力的重要组成部分。党的十八大以来，习近平主席的每一次出访、主持的每一次"主场外交"，都成为国际舆论关注的热点，"习式外交"以其大手笔、大视野、大格局打造中国全方位外交新局面，成为国际外交舞台上标志性风景线。

3 年多来，习近平主席出访 20 次，累计 138 天，行程近 40 万公里，相当于绕地球飞行近 10 圈，足迹遍布各大洲；3 年多来，从博鳌论坛到亚信峰会，从雁栖湖 APEC 峰会到"9·3"阅兵，中国"主场外交"精彩纷呈。

千川汇海阔，风好正扬帆。3 年多来，中国特色大国外交正锐意前行，抒写着新的篇章。日本《外交学者》网站不久前系统梳理，认为中国外交取得"五大成就"。敏锐的国际媒体借拿破仑"沉睡的狮子"之喻进一步断言：中国已经醒了，习近平正肩负着带领中国走向新的未来的历史使命。

大国是关键，周边是首要，发展中国家是基础，多边是重要舞台。3 年多来，中国外交在延续着基本布局框架的同时，不断开拓创新、不断开辟新布局是其突出特点。

21 世纪，中美关系牵系着中国外交的整体温度，而且攸关全球外交风向。从安纳伯格庄园会晤到"瀛台夜话"再到白宫秋叙，中美两国元首共同作出构建中美新型大国关系的战略抉择，成为中美关系的"定海神针"。习近平主席旗帜鲜明地提出，"世界上本无'修昔底德陷阱'，但大国之间一再发生战略误判，就可能自己给自己造成'修昔底德陷阱'。""宽广的太平洋有足够空间容纳中美两个大国。"——习主席的倡导为人类社会探索新兴大国和守成大国的相处之道提供了新的范例。

打造中俄关系新典范是"习式外交"的鲜明布局。当选中国最高领导人后，习近平主席首访俄罗斯，3年多来，从莫斯科到圣彼得堡，从黑海之滨的索契到乌拉尔山脉南麓乌法，俄罗斯留下了习主席在海外最多的足迹，中俄迎来两国关系的历史最好时期。

中欧是当今世界两大力量。习近平两次到访欧洲都引起轰动，欧洲掀起外交"中国热"。中非合作是亲上加亲。习主席上任后首访非洲并提出"真、实、亲、诚"的对非新方针，去年再访非洲并出席中非合作论坛约翰内斯堡峰会，"十大合作计划"谱写中非合作新路线图。习主席两度访问拉美，中拉论坛的创立让太平洋"变窄"，拉近了最远大陆与中国的距离，是对志合者不以山海为远的生动诠释。

从亚太、南亚到中亚，中国将周边视为安身立命之所、发展繁荣之基。2013年10月，新中国首次召开周边外交工作座谈会，"亲、诚、惠、容"成为经略周边、开拓周边的新指针。3年多来，习主席三次访问东南亚，两次访问中亚，两次访问南亚，两次访问东北亚——习主席的出访行程，一半留给了周边。2016年新年伊始，习主席访问中东，实现了外交"全覆盖"。

多边舞台更是精彩不断。从二十国集团峰会到核峰会，从上合到金砖再到APEC，习主席一次次阐述合作共赢的新型国际关系的理念与倡议。2015年9月，习近平首登联合国总部讲坛，提出打造人类命运共同体的总布局和总路径，20分钟讲话赢得15次热烈掌声，是该届会议上赢得次数最多、最热烈掌声的一幕。

　　大格局需要大战略，"一带一路"倡议成为连接中国与周边乃至世界的金桥。中国倡导创立的亚洲基础设施投资银行和金砖国家新开发银行，开创了发展中国家组建多边金融机构的先河；人民币纳入国际货币基金组织特别提款权货币篮子，中国应邀成为欧洲复兴开发银行股东……这证明了中国在国际经济中与日俱增的影响力和地位。

　　中国视野、中国精神、中国创新、中国担当、中国理念……3年多来，"习式外交"在世界外交舞台上树立了一座座丰碑，其家国情怀、天下胸襟赢得了一次高过一次的掌声。展望未来，"习式外交"将续写新辉煌，中国特色大国外交将继续扬帆远航。

2016 年 2 月 16 日

为实现强国梦强军梦提供战略指引

——十四论以习近平同志为总书记的
党中央治国理政新思想新成就

　　2015 年末启动的新中国成立以来最大规模的军改震动了全世界，其背后隐含的是习近平总书记对军队地位、作用的深刻把握。"实现中华民族伟大复兴，是中华民族近代以来最伟大的梦想。可以说，这个梦想是强国梦，对军队来说，也是强军梦。我们要实现中华民族伟大复兴，必须坚持富国和强军相统一，努力建设巩固国防和强大军队。"2012 年 12 月初，刚刚履新不久的习近平总书记在广州会见驻穗部队师以上领导干部时发表重要讲话，为我国国防和军队建设指明方向。

　　三年多来，以习近平同志为总书记的党中央，着眼坚持和发展中国特色社会主义，着眼实现中国梦、强军梦，对加强国防和军队建设作出一系列重要论述，鲜明回答了在新的历史条件下建设一支什么样的军队、怎样建设军队的重大理论和实践课题，提出新形势下军事战略方针，作出深化国防和军队改革的改革强军战略、把军民融合发展上升为国家战略等具有深远历史意义的重大战略部署，为加快推进国防和军队现代化提供了根本遵循。

　　在战略方向上，以强国梦强军梦为引领。习近平总书记强调："无论发展到哪一步，中国都永远不称霸、永远不搞扩张，永远不会把自身曾经经历过的悲惨遭遇强加给其他民族。""我们希望和平，但任何时候任何情况下，都决不放弃维护国家正当权益、决不牺牲国家核心利益。""国防和军队建设，必须放在中华民族伟大复兴这个大目标下来认识，服从服务于这个国家和民族最高利益，为实现中国梦提供坚强力量保证。"

在战略目标上，以建设一支听党指挥、能打胜仗、作风优良的人民军队为党在新形势下的强军目标。习近平总书记强调，这一强军目标是党中央从全局上对国防和军队建设作出的战略筹划和顶层设计，指出"听党指挥是灵魂，决定军队建设的政治方向；能打胜仗是核心，反映军队的根本职能和军队建设的根本指向；作风优良是保证，关系军队的性质、宗旨、本色"，强调"这三条决定着军队发展方向，也决定着军队生死存亡"，并从国家战略层面作出一系列重要部署。

在战略路径上，以改革强军战略为指向。习近平总书记高瞻远瞩地指出世界新军事革命深入发展的速度之快、范围之广、程度之深、影响之大为第二次世界大战结束以来所罕见，强调要全面实施改革强军战略，"建设同我国国际地位相称、同国家安全和发展利益相适应的巩固国防和强大军队"。强调"要统筹经济建设和国防建设，努力实现富国和强军的统一""实现强军目标，必须同心协力做好军民融合深度发展这篇大文章，既要发挥国家主导作用，又要发挥市场的作用，努力形成全要素、多领域、高效益的军民融合深度发展格局"。

在铸牢强军之魂上，习近平总书记强调，"保证党对军队的绝对领导，关系我军性质和宗旨、关系社会主义前途命运、关系党和国家长治久安，是我军的立军之本和建军之魂"，指出坚定不移听党话、跟党走是"我军的军魂和命根子，永远不能变，永远不能丢"。

在扭住强军之要上，"确保军队能够做到召之即来、来之能战、战之必胜"。习近平总书记强调，"在实战条件下摔打磨炼官兵，砥砺过硬的军事素质，培养一不怕苦、二不怕死的战斗精神"。强调"坚持仗怎么打兵就怎么练，打仗需要什么就苦练什么，部队最缺什么就专攻精练什么"，要求"强化实战准备，牢固树立练兵打仗、带兵打仗思想，牢固树立随时准备打仗的思想，牢固树立立足现有条件打胜仗的思想"。

在夯实强军之基上，"坚持依法治军、从严治军"。强调"努力培养有灵魂、有本事、有血性、有品德的新一代革命军人，锻造具有铁一般信仰、铁一般信念、铁一般纪律、铁一般担当的过硬部队"。

"听党指挥，能打胜仗，作风优良！"习近平总书记深刻洞察世情国情军情，深刻把握建军治军特点规律，提出的一系列新理念、新论断、新战略，正化为人民军队的伟大实践，凝聚成强军兴军的强大动力。

2016 年 2 月 17 日

从网络大国迈向网络强国的新征程

——十五论以习近平同志为总书记的党中央治国理政新思想新成就

党的十八大以来，习近平总书记在准确把握信息时代发展趋势的基础上，提出了将我国建设成为网络强国的宏伟愿景。他不仅亲自担任中央网络安全和信息化领导小组组长，还常以幽默传神的网言网语与普通网民交流对话，向世界展现了开放包容、自信大气的"习式互联网情怀"。在总书记治网理念的指引下，中国建设网络强国的步伐蹄疾步稳、亮点频频。

"没有网络安全就没有国家安全，没有信息化就没有现代化"。这句被标注在中央网信办官网醒目位置上的"习式治网箴言"道出了网络安全和信息化建设"一体两翼、双轮驱动"的深刻内涵。在这一顶层设计下，中国网络安全和信息化建设相得益彰、齐头并进。从网络安全产业链基本成型到网络空间法律体系初具规模，从"互联网＋"、大数据战略稳步推进到互联网普及率过半，中国建设互联网强国的栋梁柱石日趋稳固。

"要把网上舆论工作作为宣传思想工作的重中之重来抓"。对网上舆论的高度重视，是总书记治网理念的一大亮色。在深改组会议上，他和小组成员一起探讨"媒体融合"；在全国宣传思想工作会议上，他强调掌握网络舆论战场主动权；在解放军报社，他亲自向全军发出贺年微博。总书记指出，"做好网上舆论工作是一项长期任务，要创新改进网上宣传，运用网络传播规律，弘扬主旋律，激发正能量，大力培育和践行社会主义核心价值观，把握好网上舆论引导的时、度、效，使网络空间清朗起来"。短短三年时间，网信部门对总书记论断的全力落实，使得网络生态明显好转，网络空间日渐清朗。放眼网络，昂扬向上的主旋律格外响亮，正能量传播浓墨重彩。

"我们的目标，就是要让互联网发展成果惠及 13 亿多中国人民，更好造福各国人民。"在总书记的关怀下，中国互联网产业迸发出蓬勃能量和非凡价值，给国民经济和民生事业发展带来巨大红利。一方面，中国网络零售交易额跃居全球第一，互联网经济在 GDP 中占比赶超美国，4 家企业跻身全球互联网企业 10 强。另一方面，互联网成为各级政府聆听民意、汇聚人心的重要平台。公共服务网络化、政务工作信息化极大方便了广大群众，成为助力国家治理体系和治理能力现代化的新兴力量。

"互联网真正让世界变成了地球村，让国际社会越来越成为你中有我、我中有你的命运共同体"。习近平总书记将互联网视作促成人类命运共同体的重要推手。他多次倡导建设和平安全、开放合作的网络空间，呼吁建立多边、民主、透明的国际互联网治理体系。在第二届世界互联网大会上，他高瞻远瞩地提出推进全球互联网治理体系变革的四大原则和共同构建网络空间命运共同体的五点主张，成功树起全球互联网治理的新标杆。

大盘取厚势，官子有妙手。以总书记的治网理念为指引，瞩望未来，互联网必能为中国发展提供更强助力。

2016 年 2 月 18 日

开启中华民族伟大复兴的新航程

——十六论以习近平同志为总书记的
党中央治国理政新思想新成就

  三年，在人类的历史长河中只是短暂一瞬。但在中国的改革进程中，党的十八大以来的三年，却成为意义非凡的一个时间段。三年里，中国的改革开放进入一个全新的状态：中华民族伟大复兴的新航程，正由这三年成功开启。

  开启中华民族伟大复兴新航程的三年，以四个打通为鲜明特征：

  ——打通了局部改革与全面改革的关隘，开启了以全面改革推动中国复兴的新局面。习总书记上任以来，既确立了"改革没有完成时"的改革态势，也确立了壮士断腕的改革进路，更确立了搭建改革主体框架的总体目标。以"四个全面"战略布局统领改革的宏观格局，体现出改革初始阶段的局部筹划走向改革当下阶段的全面谋划。全面建成小康社会，为中华民族伟大复兴奠定坚实的物质基础；全面深化改革，为中华民族的伟大复兴确立宏观制度框架；全面依法治国，为中华民族的现代治理体系和治理能力夯实制度基础；全面从严治党，为中华民族的伟大复兴打下牢靠的领导根基。打通局部改革与全面改革的关隘，不仅需要有触及改革难题的政治勇气，也需要有精细谋划改革的政治智慧。

  ——打通了传统文化与现代发展的通路，开启了中华民族从历史通向未来的新历程。中国现代发展一直处在内外强大压力之下，人们自觉或不自觉地将压力之下的现代缓进，归之于传统文化的阻碍。习总书记上任后就明确强调，必须发扬光大中华民族的传统文化。他将传统文化中最为精粹的治国之道，引入现代国家治理进程。他随时随地引经据典，展现出对传统文化的精心呵护与悉心援用。在治国理政的过程中，他将传统文化与当下处境紧密联系，融会贯通，体现出超越历史断裂、超越诋毁传统的现代理性姿态。

——打通了民生工程与政治改革的瓶颈，开启了中国转型从生存向发展演化的进程。习总书记强调的人心问题，首先就是一个民众在民生体验中是否得到实惠、有否得到尊重的问题。人民观得到高度的重视和厚重的阐释，是近三年民生观受到政治重视的显著标志。从"权为民所赋"到"让人民群众参与、让人民群众做主、让人民群众受益、让人民群众满意，真正使群众成为利益的主体"，民生问题，不再是一个油盐酱醋菜的琐碎问题，而是一个政治授权和政治履责的严肃问题。正是在这样的民生理念中，人们才能理解风雷火电一般袭来的反腐所具有的重大意义。恰如习总书记指出的，反腐之难，不是未经掂量。但民心所向，誓推到底。反腐聚集的民心，已经有目共睹；反腐所具有的积极功能，已经为举世公认。

——打通了内政治理与外交拓展的思路，开启了中国发展从大国向强国跃迁的时代。近三年，中国外交的积极进取态势，为国际社会注目。这种态势，不仅体现在对国际棘手事务的主动、有效介入上，而且体现在以全球眼光谋划中国的发展前景上。中国对欧洲事务的关注与处置，对美洲外交的积极进取与应对，对中东冲突与发展的影响，对全球经济发展的引擎作用，都体现出中国将内政治理与外交拓展紧密勾连的崭新思路。而"一带一路"的大手笔谋划，正在显示其对中国及相关国家发展的积极影响和有力推动作用。中国的大国外交，不仅显示了中国作为一个负责任大国的新形象，而且呈现出中国作为国际社会重要一员的不可替代作用。这是自近代以来中国第一次展现出来的国际形象。

风正扬帆。中华民族伟大复兴的航程既已开启，必将乘风破浪，直驶彼岸。

2016 年 2 月 19 日

写在《国平论天下》出版之际

《国平论天下》四卷本与读者见面了。四卷分别是——"正议之声""治国理政""伟大情怀""和平之光"。

署名"国平"的网络评论，从2014年春季面世以来，遇到重大事件和重要新闻，大都要提出观点、发表意见；不到两年时间，推出700多篇。同时，"国平"选题很有章法，发稿连续不断，且中气十足，字正腔圆，所以很多人开始留意"国平"。

特别是，通过各大网站在显著位置上及时推送，"国平"在很短的时间内，声名鹊起，渐为不少网民所注意，渐为媒体同行所关注，成为国内外媒体和相关研究机构观察当今中国发展走向的一个窗口。

"国平"属于网络评论，与网络读者密不可分。所以，从一开始，"国平"就秉持"服务网民"理念；因为"国平"深知，没有读者的关注参与，"国平"之评，很难说有什么意义；而"国平"倘若能在与网民中的互动中给人以启迪，或者提供一点有价值的意见，才是真正让人欣慰的成就。

在《国平论天下》四卷本结集付梓之际，衷心感谢广大网民的厚爱，感谢各网站的支持，感谢人民出版社帮助。

这里，将"国平"来龙去脉做个简单介绍，以便求教于网民和读者，更好改进我们的工作。

谁是"国平"

"国平"是一个创作集体。其主要职责是在国家网信办传播局的指导下完成上级交办的舆论引导任务。

"国平"不是编制内的写作班子，其主撰人员来自相关中央媒体、国家机关、大专院校和研究机构。"国平"成员平时干各自的工作，有任务时统一调配。

"国平"的核心成员只有五六人而已，负责选题策划和稿件统筹。他们中，"老中青"搭配，有的擅长政治评论，有的是经济问题专家，有的长期研究外交问题，有较高的专业素养，属于新闻行当里的"快枪手"。

这样一个创作集体，充分利用互联网优势，实现移动、远程办公，不论在何时、何地，"国平"这个集体都保持密切联系，处于全天候工作状态。这也正是"国平"能够"上天入地，无远弗届"，可以在第一时间推出重要评论的原因所在。

"国平"的主要任务是什么

大家知道，以互联网为载体的各类新媒体迅猛发展，是当今最重要的大众传播手段。我国网民人数之众，移动客户端用户之多，独步世界。基于这一现实，习近平总书记强调："要把网上舆论工作作为宣传思想工作的重中之重来抓。"这一重要论断，深刻阐明了网络工作的极端重要性，也为网络事业发展指明了方向。

推出"国平"，是贯彻总书记"重中之重"要求的切实之举。正如国家网信办领导同志所说，"国平"既要坚持正面引导，输出正能量，为改革发展营造良好舆论环境；也不回避矛盾问题，疏导情绪，解疑释惑。同时，还要应对网上舆论斗争。

是的，"国平"署名，取"国家网信办评论"谐音。正像《人民日报》的"任仲平"，《求实》杂志的"秋平"一样，这种署名方式，表明它反映的是党和政府立场，但又不等同于社论、评论员文章。换言之，这类特定署名评论，侧重于引导舆论，而不是工作指导；注重回应百姓关切，而不仅仅诠释政策。

参与性和互动性，是互联网最鲜明特色和最活跃要素：众声喧哗，各抒己见，见仁见智，莫衷一是。正因为如此，才更加需要多元中立主导，多样中见主张。从这个意义上说，舆论场上，更需要有根有据的、非情绪化的、充分讲理、给人启迪的评论。"国平"坚持这个写作原则，不回避官方身份，却努力做到不打"官腔"。

"国平"就一些重大、敏感问题发表评论，如香港"占中"、中日关系、腐败大案等，都有较大反响。面对重大事件和重要新闻，"国平"不缺席、不敷衍、不跟风、不落俗。

总之，"国平"不是自由撰稿人，不是发表个人观点的"公知"。"国平"发言是郑重的、靠谱的。

关于《国平论天下》这套书

2015年，"国平"出版过一本书，书名就叫"国平论天下"。书在新华书店卖得不错，很受业界人士和新闻院校学生欢迎。同时，有不少人提出建议，希望本书按内容分类，各编一册，既方便读者各取所需，又不增加书的厚度。更重要的是，第一次印刷的《国平论天下》已告售罄，应读者要求，需要再出一版。

这套《国平论天下》分四个专题：

"正议之声"——直面社会生活矛盾问题，回应老百姓利益的关切。如网络共治共享、反暴恐反分裂、纪念抗战胜利70周年、申办冬奥等，对这两年国家的大事要事喜事难事，"国平"多有论及，或可说从一个侧面留下真实的历史记录。

"治国理政"——比较系统地梳理并解读新一届中央领导集体治国理政的新理念新思想新战略，比如"四个全面""五大理念""三严三实""习近平总书记治国理政新思想新成就"等，使人们可以更加清晰地了解中国特色社会主义不断发展、与时俱进的生动实践。

"和平之光"——面对复杂多变的国际形势，以习近平同志为总书记的党中央，以高超的政治智慧驾驭全局，全面推进和平外交，为我国的改革开放和现代化建设创造了良好的外部环境。总书记足迹遍及五大洲，中国外交光彩照人，极大地提升了我国的国际地位和影响力，一个和平友好、欣欣向荣的中国展现在世人面前。

"伟大情怀"——反映习近平同志殚精竭虑、奋发有为，带领全国人民在实现民族复兴中国梦的征程上，所取得的巨大成就、所彰显的迷人魅力。通过习总书记一系列政务活动的细节，展现出共产党人"全心全意为人民服务"的忠诚和亲民爱民为民的高尚情操。

本书编辑期间，恰逢网络安全和信息化工作座谈会召开，习近平总书记发表重要讲话，充分显示了中央对互联网事业特别是网上宣传高度重视。国家网信办明确提出，"要让党的主张成为网络空间的最强音"。这些，对"国平"是鼓舞，更是指导。

2016 年 5 月

责任编辑:宫　共

封面设计:徐　晖

责任校对:吕　飞

图书在版编目（CIP）数据

国平论天下之治国理政/国家互联网信息办公室 主编. —北京:人民出版社，
　2016.7

ISBN 978-7-01-016295-9

Ⅰ.①国…　Ⅱ.①国…　Ⅲ.①时事评论-中国-文集　Ⅳ.①D609.9-53

中国版本图书馆 CIP 数据核字(2016)第 116379 号

国平论天下之治国理政

GUOPING LUN TIANXIA ZHI ZHIGUO LIZHENG

国家互联网信息办公室　主编

人民出版社 出版发行

（100706　北京市东城区隆福寺街 99 号）

北京墨阁印刷有限公司印刷　新华书店经销

2016 年 7 月第 1 版　2016 年 7 月北京第 1 次印刷

开本:710 毫米×1000 毫米 1/16　印张:18.25

字数:245 千字

ISBN 978-7-01-016295-9　定价:48.00 元

邮购地址 100706　北京市东城区隆福寺街 99 号

人民东方图书销售中心　电话 (010)65250042　65289539